神社新報ブックス　20

日本の暮しと神社

茂木貞純

目次

まえがき

日本神話に伝えられる神々の物語。天地の初発の時に高天原に天御中主神、高御産巣日神、神産巣日神が誕生し、まだ国土がわかく海月のようにただよっていた時、葦牙の如く萌えあがるものから宇麻志阿斯訶備比古遅神が成り、次々と神々が成れる中で、最後に私たちの始祖神の伊邪那岐神・伊邪那美神が誕生する。

伊邪那岐神・伊邪那美神の男女二神の結婚により、日本列島の島々が生まれ、次に海山川風草木の神々が生まれたという。最後に火神の出産で火傷を負った母神の伊邪那美神は死んでしまう。悲しんだ父神の伊邪那岐神は、黄泉国に迎えに行くが、連れ戻すことができなく、かえって死者の国の穢れに触れ、汚く穢れてしまう。そこで日向国の阿波岐原で禊祓をすると、海水で清められ清浄の極致に天照大御神、月読命、須佐之男命の三貴神が誕生し、それぞれの物語が語られて行く。

神話伝承の中で生き生きと活躍される神々が、各地の神社に祭られ現在に至っている。

神話に語られる出雲大社創建の物語、伊勢神宮御鎮座の伝承も、その伝承通りに現在に続いている。日本国の基礎秩序は、神代に成立し、時代時代の人々が祭りという形で受け継ぎ継承して、現代に至っている。毎年繰り返される祭りを通して、神代につながっている、とも言える。

本書によって、日本人の暮らしの中にとけ込んでいる神社についての、理解が深まることを念願している。日本人にとって神社とは何か、考える標《しるべ》となれば幸いである。

序　章　東日本大震災と神社

はじめに

平成二十三年三月十一日午後二時四十六分に東北地方太平洋沿岸で大地震が発生、その後大津波が襲い、岩手、宮城、福島、茨城の沿岸地域に未曾有の災害をもたらした。さらに翌十二日夕刻に福島第一原子力発電所の原子炉建屋が爆発し、放射能漏れによる深刻な二次災害が予想され、混乱に拍車をかけた。引き続き他の原子炉建屋でも爆発が起きるなど深刻な状況を呈した。

このような中、天皇陛下は十六日にテレビを通じて全国民に向けお言葉を述べられた。後に東日本大震災と名付けられた大災害の全容も未だ把握できず、懸命の救助活動が継続されている最中のことであった。

陛下は、悲惨な大災害の様子に心を痛められ、一人でも多くの人の無事が確認され、予断を許さぬ原子力発電所の事態の悪化が関係者の尽力により回避されることを願い、被災者の厳しい状況が少しでも好転し、復興への希望につながることを願われ、被災者が自らを励まし雄々しく生きる姿に感動された。さらに自衛隊、警察、消防、海上保安庁、国や自治体の人々、諸外国から救援のために来日した人々、国内外の救援組織の人々が危険を顧みず日夜救援活動に努力されていることに感謝された。また諸外国の元首からお見舞いの電報が届いていることを伝え、海外において、こうした深い悲しみの中でも、日本人が取り乱すことなく助け合い、秩序ある対応を示していることに驚いている論調にも触れられて、皆が協力しいたわり合って、不幸な時期を乗り越えることを希望された。最後に被災者のこれからの苦難の日々に思いを致し、私たち皆で分かち合っていくことが大切と述べられ、被災者が希望を持って生き抜いてくれるよう切望し、全国民が被災地域に心を寄せて、復興の道のりを見守り続けてほしいと願われた。

政府の対応が混乱し正確な情報が伝えられない中で、天皇陛下のお言葉は国民にあるべき方向性を示し、秩序を与えた。その後の推移をたどってみてもお言葉の通りになっていった。まさに日本国を「しろしめされる」天皇のお言葉である。「しろしめす」とは知るの尊敬語で、換言すると統治するという意味となる。天皇が国情をつぶさに知ることが、国を治めることにつながるからである。古来、天皇のことを「天下《あめのした》を知《し》ろしめす天皇《すめらみこと》」と表現してきた。本当の意味での政治《まつりごと》が、未曾有の危機の中で垣間見られたわけである。

さらに驚いたことは貞観十一年（八六九）五月に陸奥国に大地震が発生、その後津波が襲い「溺死者数千人許」で財産も田畑も何も残らなかったと伝えている。時の第五十六代清和天皇は弱冠二十歳の若き天子であったが、十月に使を遣わしてお言葉を発せられ、亡くなった者は手厚く葬り、助かった者には賑恤《しんじゅつ》を加え、被災者のすべてに租税や労役を免除し、独身者や自立できない者を救済するよう命じた。千百五十年も前の天皇も同じことをなされている。時代が変わり政治体制が異なっても、皇室の本質に変化はないといえるのかもしれない。

大災害と神社

さて、本書は日本人にとって「神社とは何か」を主題にすえて考えてみたいと思っている。東日本大震災に際して、東北地方を中心に三百九の神社が地震と津波の被害で半壊・全壊、もしくは跡形もなく濁流に流されてしまった。原発事故により立ち入りが制限されている地域の神社（二百四十三社）を含めるとその数は、もう少し多くなる。神社本庁の調査によれば、今回の地震による被害は一都十五県におよび、四千八百社が何らかの形で被災したという。三陸地域では明治二十九年、昭和八年にも津波が発生し大きな被害を受けているが、今回は桁違いの大震災で、まさに千年に一度の大惨事となったのである。

神社が壊滅的な被害を受けた地域では住民の被害も甚大で、ほとんど地域社会が消滅してしまうほどの大災害であった。『東日本大震災　神社・祭り―被災の記録と復興―』（神社新報社、平成二十八年七月）に詳しく報告されているが、とくに被害が甚大であった岩手、宮城、福島の被災状況について、二十一人の神職が地震直後の様子から復興に向けた道のりを語っている。いずれも厳しい現実を余すところなく伝えているが、具体例をいくつか記してみたい。

岩手県上閉伊郡大槌町の大槌稲荷神社では八百世帯強の住宅が一晩で百戸になり、翌日は瓦礫の山となっていた。幸い神社は高台にあり津波の被害から逃れ、緊急避難所となり被災者の救援にあたった。元々神社は浜近くの被災地域内に鎮座していたが、氏子である漁民の津波避難所として、盛岡藩御用商人の吉里吉里《きりきり》（前川）善兵衛の尽力で享保五年（一七二〇)、浜から六百メートル離れた台地上に遷座されたものであった。社家には津波の恐ろしさと「津波が来たら三日三晩大火を焚き続けろ。津波に流されても生きている人がいたら目印になる。だから火を絶やすな」と伝えられていた。そのため神社では普段から発電機とガソリンと食糧を備蓄し、言い伝え通りに大火を焚き投光器を海上に向けて照らし、浜の住民約百二十人の避難所として活動して、神社に託された役割を果たした。

大槌町では大槌稲荷神社・小槌神社の祭礼日の九月二十二・二十三日にあわせて、毎年大槌祭りを実施してきた。ここでは周辺の集落に伝承されている虎舞、鹿子踊、神楽などの民俗芸能が行われてきたが、なんと震災直後の五月に活動を再開し、住民の親睦を図り心の支えとなっている。

岩手県陸前高田市の今泉八幡宮は震災で社殿、神輿庫、社務所が全壊し、樹齢八百年余の天神杉のみが残った。五百五十戸あった氏子世帯で津波の浸水を逃れたのはわずかに一軒で、地区民のほぼ百%が避難所住まいとなった。地区内に残ったわずか十五人は神社隣接の不動尊のお堂で避難生活をしながら、「神社の境内に消防の屯所を建ててもらいたい。皆が集まり今泉を話し合う場としたい」という要望を神社の宮司に行う。

宮司はそのことを頭に入れながら、連日氏子回りや来訪者の応接に奔走している中で、日本出版クラブの専務理事と縁ができる。日本出版クラブでは読書推進と震災支援を中心に、陸前高田市の今泉地区に人々が集える図書館を寄贈しよう、という活動を始める。当初は市立図書館ということで行政と交渉するが諸事情から挫折してしまう。そこで運営管理を自分たちで行う私設図書館とすることにして、土地は神社が提供し、建物は三井物産が提供することで、早くも平成二十三年十一月十二日に子供向けの図書館「にじのライブラリー」が開設となる。

管理運営は地元の負担にならないよう日本出版クラブ関係団体が行い、ライブラリーは地元のニーズに合わせて柔軟に行うなどの基本を定めてオープンし注目を集めることになる。

「にじのライブラリー」の活動は当初、人々が集い今泉のことを話し合える場としたいということを強く意識しながら、本に親しむ活動、人々が気楽に集えるサロン、情報の交換共有の場、まちづくりの話し合いの場、市民と市外の人々とをつなぐ場、収入創出の場、神社の社務所など多様な機能を果たしながら、現在では復興に向けた地域の中で大きな役割を担っている。収入創出の場とは、地元の女性（二十代から高齢者）による「布ぞうり」とハンカチ作りで、販路を広げて貴重な収入源になっているという。

宮城県石巻市雄勝町の葉山神社は、国の重要無形民俗文化財で約六百年の伝統がある「雄勝法印神楽」の伝承拠点であったが、社殿は全壊し神楽道具を収納していた社務所が流出してしまった。震災直後の三月下旬になり、社務所が隣接地区の船着場に流れついているという情報に接する。宮司が早速現地に赴くと、社務所に保管されていた祝詞、数点の装束や神楽面、多くの古文書、御霊舎に祀られた霊璽などが奇跡的に発見される。

雄勝法印神楽の神楽師は、旧十五浜村という漁村で構成される雄勝地区の住人であるが、氏子世帯の約三分の一が流失し、水産業に従事する氏子の多くが船、養殖いかだ、加工場などを失い、町は壊滅状態であった。そんな中、宮司は四月半ばに神楽保存会会員に葉山神社に集合してもらい、被災状況を報告し、将来に備え道具の捜索や復元の協力を求めた。五月十一日には雄勝法印神楽復興支援金の口座を開設し、保存会ホームページにて全国への支援を発信。地元の要望を受けて五月二十八日には「第一回雄勝復興市」で、六月には避難施設で、残った神楽面や衣装を工面しながら神楽二演目を公演して、地元民に喜ばれるとともに大きな話題となった。その年の十月九日には神奈川県の鎌倉宮で行われた鎌倉芸術祭で七演目を公演できた。これに伴い神楽道具の復旧も全国からの支援によって整い、雄勝町の各社例祭に神楽奉納ができるまでになった。

同時に町内には獅子振りが伝承され、震災前には各氏神のお祭りを支えてきた。それらの獅子頭、太鼓、笛なども流失して、文化財指定もなく復旧は困難と考えられていた。ところが神社本庁、日本財団、日本ユネスコ協会連盟、企業メセナ協議会などからの支援により新調され、平成二十五年正月の春祈祷には各地区の氏神にてお祭りが行われた。平成二十六年の春季例祭からは各社とも大幟を立て、神輿渡御、神楽奉納などが震災前と同じようにできるようになった。

葉山神社は宮司の強い意志により、全壊した社殿と同規模の社殿再建計画を推進する。氏子の転出が続く中で、悩みながらの決意であった。平成二十五年に再建計画を役員会で決議、日本財団の援助と氏子や地域住民の寄進により、平成二十七年九月に見事に再建された。

次に福島県内の無形民俗文化財の被災状況を調査した懸田弘訓氏の報告を参考にしなが

らいくつかの事例を紹介してみたい。震災前、福島県内には八百の神事芸能が伝承されていた。津波の被害を受けた浜通りには、獅子神楽や田植え踊りが多く伝承されていた。津波により約六十の民俗芸能保存団体が壊滅、二百〜二百五十の保存団体が避難中（平成二十七年六月現在）で帰還が困難な状況という。

相馬市原釜は四百十九戸、千二百二十五人が住んでいたが、九十九人が津波で亡くなった。この集落の氏神は津神社で、高台に鎮座していたため被災を免れた。ここには獅子神楽が伝えられていて、幼稚園児から大人まで参加して、毎年数時間にもわたって賑やかに行われていた。津神社の例祭は四月十八日で、震災の年には中止されたが、翌平成二十四年四月には早くも再興している。

南相馬市小高区村上は七十三戸のうち七十戸が流失、住民二百七十人のうち六十二人が亡くなった。氏神の貴布根神社は高台にあったため、拝殿は倒壊したが本殿は傾いただけで済み、その後補修された。ここには田植踊りなどが伝えられていたが、震災の一年後には復活している。しかし保存会の会員三十九人中、十二人が亡くなっている。平成二十六年十一月には貴布根神社の社頭に田植踊りが奉納され、翌年には県の重要無形民俗文化財に指定された。被災地の芸能が指定を受けた事例は他になく、大変珍しいことという。

双葉郡浪江町請戸は四百八十二戸あったが津波でほぼ全壊、百八十二人が亡くなった。沿岸部に鎮座していた苕野《くさの》神社では宮司夫妻、禰宜夫妻が神社の御神体、宝物を避難させようとしていたところに津波が襲来して四人とも亡くなってしまった。この地区にも田植踊りが伝えられていたが、三月十一日の震災後、県内各地に避難していた子供たちが集まり、七月三日に練習が開始され、子供同士の交流とともに子供たちに笑顔が戻り、親たちを感動させた。そして八月二十一日には、いわき市の「アクアマリンふくしま」で被災後初めての公演が行われている。

いずれも被災状況は尋常でなく、集落は壊滅的な状況にもかかわらず、祭りや民俗芸能は素早く再興されている。社殿の復興は政教分離で公金からの補助は受けられず、資金面の困難が伴い時間がかかるが、祭りや民俗芸能は文化財として補助も受けやすく、何よりも住民が積極的に集まり、情報を交換して心を一つにして復興に向かう場となっている。

懸田氏はその感想を次のように述べている。

「今回の調査で、祭祀や民俗芸能そして神社は、信仰の面もさることながら、地域づくりの根幹をなしていることに改めて気づかされた。祭りや民俗芸能に参加することによって親睦が深まり、助け合いや協調の精神もさらに高まる。それに伴う社会貢献の喜びは、生き甲斐の一つであり、生きる支えでもある」

まことにその通りだと思う。神社やそこで行われる祭りは、地域社会を形成して行く上で大事な役割を果たしている。神社という空間、そこで行われる祭礼、民俗芸能が人々を結び付け、心を一つにして復興という目標に向かう。それはどうしてなのだろうか。改めて神社や祭礼について考えてみたいのである。

神社とは何か

江戸中期の国学者・本居宣長は、『古事記』の注釈書『古事記伝』の執筆者として著名であるが、和文で書かれた日本最古の古典の読解を通して、日本の国柄について深い洞察を示している。当時の日本の国状に触れ、外来の儒学や仏教のみが栄えてもてはやされ、日本固有の「まことの道」に誰も気が付かないことを憂いている。宣長は云う。

「神のまことの道を思ふ人は、千萬人の中に、たゞ一人二人にて、その餘は神社につかふる人の中に、まれまれさすがに己が家の業と思ひ得て、神の道を尊ぶもあれど、さる人も、多くは佛意儒意なり、又神の道といふも、皆儒佛によりて説まげたる物なれば、まことの道は大かた絶はてたるも同じ事なり、天下大かた、件の如くなれば、たゞ何國も何國も、佛寺のみ榮えて、神社はいたく衰えまして、その衰へをうれふる人もなく、神はたゞ、病その外の祈りことのみ用ひられて、この道もたゞ、世中の外の無用の物のごとく、たゞいにしへより有來れる事として、ひたぶるに廃れられぬといふのみなり。此道は、これ天下を治め、國を治むる、先務要道なることをしれる人は、われいまだ、夢にも見きかず、いともいともかなしき事ならずや」(『玉勝間』十四巻)

宣長は、寺院はどこでも栄えているのに、神社はいずこも衰えて、病気平癒やその他の祈りにのみ用いられ、他の無用の物のごとく全く廃れてしまったのではない、というのみと嘆いている。しかも本当は世の中を治めることにおいて、まず務めなければならない肝心要の道ということに誰も気付いていない。本当に悲しいことだ、という。この指摘は、神社やそこで行われる祭りの意義の本質に迫るものであろう。宣長は、外来の物を有り難がる日本の知識人に対する強い批判があり、日本本来の姿、その本質に気付かない大多数の人々に何とか目覚めて欲しいと思い願っている。

宣長から遅れること百年余、明治中期から大正期に日本に滞在したポルトガルの海軍士官で、後に神戸大阪在駐の領事となるW. de モラエスは、最晩年に徳島に隠棲して随筆集『徳島の盆踊り』（講談社学術文庫）を執筆している。この中に神社と寺院に関する記述があるので紹介してみよう。小泉八雲に憧れる、日本に滞在歴の長い外国人の観察である。

徳島は、先に言ったように、神々と仏たちの町である。神と仏は、日本の宗教空間問題についてきわめて不完全な知識しかもっていない私たちヨーロッパの金髪碧眼の人たちには、ほとんど同じものに見える。主としてふたつの宗教が日本人の魂の中にその信仰によって深くしみ込んでいる。それは土着の神道と、朝鮮を経て中国から渡来した仏教である。両宗教とも聖なる場所をもっている。神は、すなわち「お・みや」において崇められる。仏は仏教寺院すなわち「お・てら」において崇められる。「かぬし」が前者の司祭であり、「ぼんず」が後者の司祭である。神は、日本と世界を創始し、この日本を今でも守護し続けている最高の霊である。そしてまた太陽の子である日本の天皇の霊でもあり、祖国の英雄や他の守護者の霊でもある。仏とは、釈迦牟尼（隠者釈迦）すなわち仏教の創始者、ゴータマ、その母摩耶、汚れなき国の王たる阿弥陀、慈悲と愛の女神たる観音、旅人、こども、妊婦の守護者たる慈悲深い地蔵、此の名高いインドの宗教のおおぜいのその他の仏、使徒、聖者、弟子である。

これらふたつの宗教は、争い敵対するように思われるかもしれないが、そんなことはなく、むしろ互いに協力し助けあう。日本人はたいてい「お・みや」と「お・てら」の両方に参詣する。神に祈り、仏に祈る。ふたつの宗教は、日本人の魂の内奥に及ぼすという点で互いに補完しあっているとさえ言うことができる。

神道はとりわけ、愛国的、排他的な英雄崇拝であって、騎士的、戦士的思想、君主に対する忠誠心、国際的偉人に対する敬意とその模倣への欲求を鼓吹する。平和と慈悲の宗教である仏教は、風俗を穏健にし、人間愛を広め、美徳を実践させ、未来の生活を瞑想させようとする。

明治維新により神仏が分離され、祭政一致を理念とする国家となり、神社は「国家の宗祀」として位置付けられた。この時代の神社の様子を、よく観察しているのではないだろうか。

幕末の欧米列強諸国の日本近海への出現、とりわけ嘉永六年（一八五三）、米国ペリー提督が浦賀へ来航して開国要求したことは日本全体を震撼させた。英国によるインドの植民地化や清国とのアヘン戦争の情報も伝えられていて、国防の危機に幕府を含め国民全体が戦慄したのだ。翌年、徳川幕府は日米和親条約を結び、鎖国政策を放棄する。しかし国論は尊王攘夷の流れとなり、幕府の安易な開国政策への転換に危機感を募らせる。攘夷を主張する志士への弾圧は、安政の大獄という政治事件へ発展し、混乱に拍車をかけることとなる。

この後も幕府は公武合体を推進して復権を試みるが、次第に統治能力を低下させて行き、最終的には大政奉還となり王政復古して、明治天皇を中心とする明治維新政府が誕生する。新政府は幕末の薩英戦争などを通じ、諸外国の軍事力の強大さを再認識し、攘夷から開国和親政策へと転換して、近代の国民国家樹立が急務となる。

封建的土地所有制度を変更し、税制を改正、近代教育制度を導入して、殖産興業、徴兵制で国軍を創設、富国強兵を目標に西欧列強諸国との対等国交を目指した。いずれも未曾有の国難で、国論統一と国民意識の向上の中で、神社の果たした役割にも大きなものがあった。こうした歴史背景を考えるとモラエスの認識もよく理解できるのではないだろうか。

第一章　神社のはじまり

はじめに

日本の津々浦々、神社が必ずまつられていて、その土地に暮らす人々をお守りしている。私たち日本人は一体、いつから神々を祭ってきたのであろうか。神社の起源はいつなのか、まず考えてみたい。

出雲大社の起源は国譲り神話に伝えられていて、国譲りの条件として巨大神殿の造営を提示している。そのため他の神社に比べて格別に大きい本殿（高さ二十四メートル）の由来を知ることができる。平成十二年に現在の本殿前から直径百三十五センチの杉柱三本を束ねた巨大柱が出土した。この柱によって構造される本殿は、高さ四十八メートルにおよぶ巨大神殿だったと推定でき、今回発見された柱は、宝治二年（一二四八）に遷宮された本殿の可能性が高いという。平安時代に出雲大社は、奈良の大仏殿より大きかったとする伝承（源為憲『口遊』）が正しいことが証明されたのである。

春日大社は神護景雲二年（七六八）、三笠山の山麓に創祀された。藤原氏の氏神の常陸国鹿島大神、下総国香取大神、河内国枚岡大神を勧請して、神殿を造営したのだ。これに先立って三笠山の山麓では、藤原氏によりすでに祭りが行われていて、社殿造営をもって創祀としている。春日造と呼ばれる社殿の起源はここにあるとみて間違いない。このように別の場所から勧請された神社の創建については疑問を差し挟む余地はないが、本宮である鹿島神宮、香取神宮、枚岡神社はいつ創建されたのだろうか。

鹿島神宮については『常陸国風土記』に崇神朝における創建伝承や神領の変遷を記した後に「淡海《おうみ》の大津《おおつ》の朝《みよ》に、初めて使人《つかい》を遣はして、神の宮を造らしめき。爾より已来《このかた》、修《つ》理《く》ること絶えず」と記している。天智天皇の時に朝廷から使を派遣して、初めて神宮を造営して、以後造営を継続している、との意である。

『延喜式』（巻三・臨時祭）によれば、「凡諸国の神社は破るに随ひて、修理せよ。但し摂津国の住吉、下総国の香取、常陸国の鹿島等の神社の正殿は二十年に一度改め造り、その料は便に神税を用ひよ。如し神税無くば、即ち正税を充てよ」とある。鹿島神宮の場合、天智朝に始まった朝廷による造営は、以後二十年に一度式年で造営されたようである。とすれば朝廷による式年造替の初めは、天智天皇の時代にまで遡るということになる。

神社の起源を考えようとすると、様々な疑問がわいてくる。そこで、まず神社の起源に関する議論を整理して、日本人と神社の原点を探ってみよう。

「神社」という語の成立

神社は、神々をまつるところである。みや（宮）、やしろ（社）ともいう。この「神社」という語は、日本のある時期に、神をまつる施設、建物を指す言葉として成立した。端的にいえば、古代律令国家が成立する時代に「神社」の語が成立したのだという。これについては、神道史学者の西田長男の詳細な研究がある。

例えば崇神天皇紀に天社・国社という語があり、天武天皇紀には天社・地社とあって、これらの語は現在の神社を意味しているが、この時はまだ「神社」の語は成立していない。我が国は大化の改新以後、唐の律令を積極的に取り入れて、皇室を中心とした中央集権国家を成立させた。天智天皇の「近江令」、天武天皇の「飛鳥浄御原律令」と改定を重ねて、文武天皇の「大宝律令」で完成する。その後、養老年間に部分改定され、この律令は永く後世に至るまで国家の基本法典として機能した。

神祭りに関する法令の「神祇令」は、唐の「祠令」を母法として、我が国の神祭りの伝統に合うように改変編纂されて成立する。「祠令」では天神を祀《し》、地祇を祭《さい》、人鬼を享《きょう》、先聖・先師を釈奠《せきてん》と四種類のまつりを定めている。天神とは昊天上帝《こうてんじょうてい》・日・月などを意味して、地祇とは社稷《しゃしょく》すなわち土地の神・五穀の神・山岳・海瀆《かいとく》（海と大河）など、人鬼は祖先の霊で、先聖・先師は聖人であるが、それぞれをまつるに祀、祭、享、釈奠と異なる漢字をあてている。そして我が国の「神祇令」は、天神の祀、地祇の祭のみ取り入れて、先祖の享、先聖・先師の釈奠は除いている。我が国の神祭りの伝統実態から離れていると判断されたからだ。

唐の「祠令」から、天神と地祇の複合語が天神地祇で、その約語が神祇であることは容易に想像できる。神祇といえば、我が国では八百万の神々を意味する。また「祠令」では天神は祀、地祇は祭と厳密に使い分けているが、日本では祀と祭との区別はなく、ともに「まつり」と訓み、同じ意味に使っている。天神地祇は「あまつかみくにつかみ」と訓まれ、日本の神観念で解釈され、唐の天神や地祇とは内実が異なって解釈された。

しかし「祠令」の影響下で、まず天神をまつる「天社」、地祇をまつる「地社」という和製漢語が生まれる。さらに天神をまつる「神社」、地祇をまつる「国社」「祇社」という語も派生してくる。そうした中、そもそも天神、地祇の神格があいまいな日本では、そのような区別をする必要もなく、やがて神々をまつる施設はすべて「神社」の語に統一されていった。その源流は「近江令」に見出すことができるのでは、と推測されている。

さて、そこで「神社」の語で表された施設は、古代の日本社会の中でどのようなものであったのであろうか。神社が「みや」とか「やしろ」と呼ばれることはすでに述べたが、みやは御屋で、立派な家屋の意味で宮の字があてられ、やしろは屋代で、神霊の来臨せる樹々や磐また仮設の小屋が屋代とされた。そして原初の神社を西田長男はこんな風に想像する。

おもうに、神社は、最初から「宮」（御屋）であったものもあろうが、その大部分は「社」（屋代）として出発したものではなかろうか。しかし、人びとは、新しく伝来した仏教寺院の建造物が、それまでの神社にみられたような臨時の施設ではなく、永遠に維持・保存せらるべきものとして建立されていることによる影響とかあるいは従来は一年に一度か、もしくは春と秋の二度の祭りしかなかったのに、世の中の進んでゆくにつれてようやく祭りの度数が増加していったこととかによって、やがて永久的建造物としての社殿・神殿の造営を希望するようになっていったのであろう。この「社」(屋代)は次第に「宮」(御屋)としての形体を整えるに至ったものと考えられるのである(「神社という語の起源そのほか」『日本神道史研究』第八巻)。

原初の神社と祭祀の実態

七世紀の後半になり、「神社」という和製漢語がいくつかの同類異語の中から成立してきた。その神社の語で表された施設の実態について西田長男は「みや」「やしろ」という大和言葉の分析を通じて、原初の神社について想像している。

建築史家の福山敏男は、神社はおよそ二千年以上の歴史を有するが、その長い歴史を確実に跡付けるのは、文献によると奈良時代より遡ることはできず、建築遺構によれば平安後期より古いことは分からない。しかし、民俗学や考古学の提供する資料により、原初の神社の状態を幾分推測することができるようになったとする（「神社建築概説」）。

そして「極めて古い時代には、主として農耕の季節的な行事などと結びついて、祭の時に臨んで一定の聖域において神霊の来格を仰いだと思われるが、次第にその祭事が恒例化して、毎年一回とか二回とか定まった時に仮建の神殿が作られ、祭が終わるととり壊されていたものが、更に固定化して恒久的な性質をもつ神殿建築やそれに付随する種々の建物ができるようになったらしい」と推測する。

しかし、すべてが一律に変化したわけではなく、原始的な形から色々な段階で固定化したものもあり、現在も変化しつつあるものもあると指摘する。そこが神社建築の著しい特徴でもあるとして、神社建築の歴史を四段階にわけ、次のように整理している。

①神籬・磐境

神話伝承に見えるヒモロギ・イワサカは、原始期以来の神祭りの建築的施設であって、後世の神社建築と重要な関係がある。今日、ヒモロギは神霊の依り代となる榊と理解され、イワサカは祭場を囲む磐垣、すなわち神霊奉斎の施設と理解されるが、神社建築の源をここに見ている。

②神殿のない神社

大神神社は三輪山を神体山として神殿はない。諏訪神社も上社は神殿がなく、奥の森を拝む。石上神宮も古来神殿はなく、拝殿奥の禁足地を神聖な土地として拝してきた。近代になり禁足地の発掘が行われ、大正二年に本殿が建設された。山や森を直接に神々の鎮まる場所として拝する神社があり、その伝統は今に続いている。

③仮設の神殿

祭りを行うために臨時に神殿を設け、祭りが終了すると撤去される。天皇の即位大嘗祭に建設される大嘗宮にその典型が見られ、おそらく上代からの伝統を受け継ぐものであろうとする。大嘗宮は黒木造で掘立柱の建物で、南北五間、東西二間、屋根は切妻造で青草葺き妻入りとする。屋根に鰹木八本を置き、千木を乗せる。壁は蓆を張り、床は竹簀の簡素なものである。

④常設の神殿

一定の年数で神殿を造り替える式年造替の制は、祭りの度ごとに神殿を仮設していたものが、時代を降るに従って祭神常在の思想が生じ、神殿が常に存在する必要が起こり、耐久的な建物として造った後も、旧慣を残して毎年の新造から幾年かに一度の新造に変化した。伊勢神宮は二十年に一度の式年遷宮を今も維持している。住吉大社、香取神宮、鹿島神宮は、奈良時代から平安時代ころまで式年造替が続いていたが、以後固定化したという。

最近の考古学の成果からさらに検証をしてみよう。九州の宗像大社は、天照大御神と須佐之男命との誓約《うけい》の時に誕生した宗像の三女神をまつり、それぞれ辺津宮、中津宮、沖津宮にてまつられてきた。沖津宮のある沖ノ島は玄界灘の孤島で、島全体が神聖視され、一般の立ち入りも制限してきた。沖津宮の鎮座する周囲には十メートルを超える巨岩がいくつもあり、その岩上や岩陰から古代の祭祀遺蹟が発見された。昭和二十九年から三次にわたる発掘調査が行われて、詳細な報告書が出されている（宗像神社復興期成会『沖ノ島』、昭和三十三年）。

祭祀遺蹟は四世紀後半から九世紀末におよぶもので、孤島という条件と厳しい信仰上の制限があり、現代に蘇ることとなった。おおよそ五百年におよぶ継続ある祭祀遺蹟で、その信仰は現代にまでつながっている。文献史学の井上光貞は沖ノ島祭祀遺蹟の意味するところ、その価値を次のように語る。

律令的祭祀形態は七世紀末、八世紀初めに形成・完成した大宝律令の実施によってはじめて確立したのではなく、それ以前に律令的祭祀の《先駆的形態》なるものが存在し、それは六、七世紀の交、すなわち推古朝の前後にはすでにおこなわれていたのであり、神祇令とそれに伴う式は、この先駆的形態としての律令的祭祀を中国的、法律的に整備し、成文化したものであった、とみられるのである（『日本の古代王権と祭祀』）。

七世紀末、八世紀初めから始まったとされる律令的祭祀形態は、すでに沖ノ島の孤島で百年以上前から行われてきた、と推測するのである。つまり、祭祀の実態があって、神祇令の条文は作成された、と指摘するのである。

仏教伝来の時、物部尾興と中臣鎌子が廃仏の立場から「我が国家《みかど》の、天下に王《きみ》とましますは、恒に天地社稷《あまつやしろくにつやしろ》の百八十神を以て、春夏秋冬、祭拝《まつ》りたまふことを事とす。方に今改めて蕃神《あだしくにのかみ》を拝みたまはば、恐るらくは国神《くにつかみ》の怒を致したまはむ」（欽明天皇紀）と奏上した。春夏秋冬の祭りの実態が律令的祭祀の先駆的実態をそなえていた。確固とした祭祀伝統がすでに出来上がっていたので、このような主張にもなったのであろう。

よく知られているように伊勢神宮の神宝と同じ紡績具、高機、五弦琴の金属製ミニチュアも出土している。神宮神宝の起源を考えるうえでも貴重な発見であった。

ちなみに宗像大社の社殿は、社蔵の『宗像社造営代々流記』（中世期成立）に「人皇三十九代光仁天皇御宇寶亀七年丙辰廃所社被改」とあるのが初見で、宝亀七年（七七六）に従前の荒廃した社殿を改造したことが知られるのである（『宗像神社史』上巻）。

神社建築のはじまり

大和の大神神社は今も神殿がなく、三輪山を神体山として拝している。古代においては三輪山の山中にある磐座、自然の巨石群を対象に祭りが営まれたようだ。ここから多くの祭祀遺蹟が確認されていて、四世紀末まで遡れるという。また祭祀遺蹟は全国で発見されていて、宗像大社や大神神社の祭祀遺蹟から推定できる神社の起源と一致する。

『六国史』『古事記』『風土記』『万葉集』などの諸文献で、「社」「神社」「神宮」の語がどのように使用されているか検討した神社史の池邉彌は、『日本書紀』では「神社」は用いられず「社」であったものが、『続日本紀』では「神社」が現れ、『日本後紀』『続日本後紀』で「社」と「神社」が同じ程度に用いられ、『文徳天皇実録』で「社」が少なくなり、『日本三代実録』では「神社」だけになることを確認している。

『古事記』では大半が「社」で「神宮」をわずかに含み、「神社」はない。『風土記』ではやはり「社」が大半である。『万葉集』は、歌の中では多く「社」が使われ、「神宮」「神社」も使われる。歌の中で「社」は、「やしろ」と「もり」と二通りの訓みがあると指摘する。この指摘は大事なことを意味している。古代文献の中では、全体として「社」から「神社」への変化を確認している。

この変化の原因を「祭りが終わればすぐに取壊される粗末な『やしろ』ではなく、永続性のある本格的な建築が要求され、世間の一部もこれを受入れる気運に至ったことも自然と考えられる。その時だけの臨時の施設であった『やしろ』から恒久的な寺院建築のように幾百年にもたえる意味ではなく、伊勢神宮や住吉、鹿嶋、香取神社の二十年ごとの造替の意味における永続性のある建造物が可能な範囲で建設され、これが奨励されるに至ったことが考えられる」と分析している（『古代神社史論攷』）。

池邉の研究は、西田の「神社」という語が律令用語として成立し、伝来の神祭りの施設のすべてを包含する言葉として認知され、定着していったとの推定と一致する。

天平九年十一月（七三七）使を畿内および七道に遣して諸神社を造らしむ

天平神護元年十一月（七六五）使を遣して、神社を天下諸国に修造せしむ

『続日本紀』に見えるこうした記録が裏付ける、とみている。これより前『日本書紀』天武天皇十年正月（六八一）には

畿内及び諸国に詔して、天社地社の神の宮を修理せしむ

とある。これは「近江令」の施行時で、当時の律令国家の方針として神社の神殿の建設を促したと考えられる。ここにいう「修理」は『古事記』に見える「修理固成」の意味に近く、「造営」と同義とみてよいだろう。

ただ神殿を持たない祭祀の伝統も根強く、これを強固に維持していくところも当然あった。しかし律令国家の方針は社殿を造営し整備する方向であったので、たびたび使を遣して神社造営を奨励督促した、と推測できる。

さて、『万葉集』の中に「社」をヤシロと訓まず、モリと訓む例が十首あり、当時の神社の様子を伝えてくれる。モリすなわち後世の鎮守の森に象徴される神聖な森や木立のあるところが神祭る施設であったことを想像させる。

神名火《かんなび》の伊波瀬《いわせ》の社《もり》の呼子鳥《よぶこどり》いたくな鳴《な》きそわが恋《こい》まさる（八巻・一四一九）
山科《やましな》の石田《いわた》の社《もり》に布麻置《ぬさお》かばけだし吾妹《あぎも》に直《ただ》に逢《あ》はむかも（九巻・一七三九）

思《おも》はぬを思《おも》ふといはば眞鳥住《まとりす》む卯名手《うなで》の社《もり》の神《かみ》し知《し》らさむ（十二巻・三一〇〇）

『常陸国風土記』にも社をモリと訓む例がある。

郡家《ぐうけ》の東に國社《くにつやしろ》あり。此を縣祇《あがたのかみ》と號《なづ》く。社《もり》の中に寒泉《しみず》あり。大井《おおい》と謂《い》ふ。郡に縁《ゆか》れる男女、会集《あいつど》ひて汲み飲めり（行方郡）

國社は天社や神社に対応する語で、地社、祇社と同意である。まつられる神を地祇と同義の縣祇としている。モリの中に泉があり、神聖な神祭りの場であったことを想像させる。こうした聖域に建物が存在したのか、しなかったのか、正確には分からない。

ただ仮設神殿から常設神殿への流れは多くの研究者の認めるところであり、文献に見える「社」から「神社」への変化は、これを投影したものとみなしてよいだろう。

奈良時代の神社数

ここで視点を変えて、奈良時代の神社数を想像してみたい。『出雲国風土記』には「合わせて神の社は三百九十九所なり。一百八十四所　神祇官に在り。二百一十五所　神祇官に在らず」と記している。社名はすべて何某社と記す。出雲国内の社数は三百九十九社で、神祇官が掌握して何らかの処遇を受ける社が百八十四社、それ以外の社は二百十五社ということである。『出雲国風土記』は天平五年（七三三）に勘造されたので、当時の神社数を予測できる。ちなみに『延喜式』（九二七）の「神名帳」には「出雲国　一百八十七座（大二座、小百八十五座）とある。神祇官の神名帳は祈年祭の奉幣に預かる社のリストであり、風土記のリストとも内容的に整合するものである。しかも約二百年で三社増加している。『古語拾遺』（八〇七）には「天平《てんぴょう》の年中に至りて、神帳を勘《かんが》へ造る。中臣権《いきおい》を専らにして、意《こころ》の任《まにま》に取りみ捨てみす」と記している。天平の頃に神社の台帳を作成したが、当時は中臣氏が権力をふるい、その採否は意のままであった、というのだ。こうした証言から推測すると、天平の頃には神祇官ではすでに全国の神社の数をほぼ把握していた、ということができる。しかも出雲国内には神祇官のリストに倍する神社があったことが確認できるのである。

『延喜式』の「神名帳」では、全国で祭神三千百三十二座、二千八百六十一所の神社の存在を確認できる。その二百年も前の天平年間に出雲国内だけとはいえ、それに倍する社の数を確認できるのである。とすれば相当数の神社が全国に存在していて、奈良時代にはすでに『延喜式』とほぼ同数の神社の確認ができ、祈年祭に班幣が行われていたと推測できる。

沖ノ島にあっては、大和から遠く離れているにもかかわらず、それより三百数十年以上前の四世紀末から朝廷関与の祭りが行われている。さらに六世紀末頃から、後の律令祭祀の内容とほぼ同質の祭りが確認されている。全国に存在した各神社の祭祀伝統はすでに確立していて、ここに朝廷が関与して国家祭祀となっていく、その道筋が見えてくる。

律令祭祀の中でとりわけ重要な祈年祭は、天武天皇四年二月（六七五）に始まった。各神社の祭祀伝統と国家体制が整って初めて可能なことである。神祇官に備えつけられた神帳（後の神名帳）も早くから整備され、奈良時代には平安期とほぼ同数の神社がすでに確認されていたのだ。

第二章　『古事記』編纂と天武天皇の時代

はじめに

『古事記』序文によれば、壬申の乱の後に天武天皇は、次のように詔《みことのり》された。

朕《ちん》聞《き》きたまへらく「諸家《しょけ》のもたる帝紀《ていき》および本辞《ほんじ》、既《すで》に正実《せいじつ》に違《たが》ひ、多《おお》く虚偽《きょぎ》を加《くわ》ふ」といへり。今《いま》の時《とき》に当《あ》たり、其《そ》の失《しつ》を改《あらた》めずは、未《いま》だ幾年《いくばく》をも経《へ》ずしてその旨《むね》滅《ほろ》びなむとす。これすなはち、邦家《ほうけ》の経緯《けいい》、王化《おうか》の鴻基《こうき》なり。故《かれ》これ、帝紀《ていき》を撰録《せんろく》し、旧辞《きゅうじ》を討覈《とうかく》して、偽《いつわ》りを削《けず》り実《じつ》を定《さだ》めて、後葉《のちのよ》に流《つた》へむと欲《おも》ふ

そのように詔されると、若き舎人であった稗田阿礼《ひえだのあれ》に勅語して「帝王日継《ていおうのひつぎ》と先代旧辞《せんだいのきゅうじ》を誦《よ》み習《なら》はしめたまひき」と記している。ところがこれが文献として完成することはなく、いつしか時が経過してしまった。

元明天皇の時代になり、和銅四年九月十八日に天皇は太安万侶に詔して、稗田阿礼が誦

むところの勅語の旧辞を撰録して献上するようにと命じられた。そこで翌和銅五年正月二十八日に『古事記』（三巻・神代から三十三代推古天皇まで）を献上された。太安万侶は約四カ月で編集作業を完了した訳で、稗田阿礼が誦み習わしていた勅語の旧辞は、完成度の高いものであった、と想像できる。しかし「誦み習はしていた勅語の旧辞」を文章にするには非常な苦心があった。太安万侶はその苦労を次のように述べている。

上古《じょうこ》の時、言意《げんい》並びに朴《ぼく》にして、文《ぶん》を敷《し》き句《く》を構《かま》ふること、字《じ》におきては即《すなわ》ち難《かた》し。已《すで》に訓《くん》に因《よ》りて述《の》べたるは、詞心《ことばこころ》に逮《およ》ばず。全《まった》く音《おん》を以《も》ちて連《つら》ねたるは、事《こと》の趣更《おもむきさら》に長《なが》し。是を以ちて今、或は一句に中に音訓《おんくん》を交《まじ》へ用ゐ、或は一事内に全く訓を以ちて録《しる》しぬ

すなわち漢字を用いて大和言葉を記す難しさを、音訓を交えて記述する方式で乗り越えようと工夫した訳だ。変体漢文、万葉仮名の世界である。こうして古い大和言葉の世界が記述され残されることになったのだ。

また一方で、天武天皇は『日本書紀』によれば天皇の十年（六八一）に詔を下し、川島皇子以下十二名の皇族および臣下に帝紀及び旧事、上古の諸事の編纂を命じられた。経緯は不明であるが、これが養老四年（七二〇）に舎人親王により正史の『日本書紀』（三十巻・神代より四十一代持統天皇まで）として完成され、献上になった。『日本書紀』は『古事記』に比べて巻数も多く、漢籍を引用し文飾した漢文で記され、当時の国際社会に通用する体裁を整えていた。

このように天武天皇は、記紀両書の編纂に深く関与し、とくに『古事記』においては、側近の稗田阿礼に直接勅語して「誦み習はしめた」ので、より天皇のお考えが強く反映しているものと推測できる。天皇は一方で出家の経験があり、後に皇后の病気平癒のために薬師寺を建立している。また「天文・遁甲」（舶来の天文や占星の術）に精通して、吉凶を占なったという。当時の最新の知識を身に付けていた訳である。このような経験と知識、当時の状況が記紀編纂とどのような関係があるのか考えてみたい。

天武天皇の時代

天武天皇は大海人皇子と呼ばれ、兄の中大兄皇子とともに推古天皇から父帝の舒明天皇に御世が変わる頃に生まれた。推古天皇は我が国初めての女帝で、崇峻天皇が蘇我馬子に弑逆されるという国家の危機の中で即位され、甥の聖徳太子を皇太子に立てて、国力の充実に務められた。先進文化輸入のため遣隋使の派遣、冠位十二階の制定、十七条憲法の制定、法隆寺の創建など様々な事業を行い、国力を飛躍的に伸ばすことに成功した。

推古天皇が六二八年に崩御されると、蘇我蝦夷の推挙で舒明天皇が即位する。舒明天皇が十二年の在位の後、四十九歳で崩御されると、皇子であった古人大兄皇子、中大兄皇子や聖徳太子の嫡男の山背大兄王などが皇位継承の候補者に挙がったが、結局皇后であった皇極天皇が即位された。二番目の女帝である。

その後、山背大兄王は蘇我氏と対立し、自殺に追い込まれ、ここに聖徳太子の一族は滅亡してしまう。蘇我氏の暴挙で朝廷や諸豪族の間に大きな危機意識が生ずることになる。

反蘇我の中心になるのが中大兄皇子と中臣鎌足で、皇極天皇四年六月、三韓の朝貢使が宮殿を訪れる時、宮殿内で蘇我入鹿を誅殺する。この事件の後、皇極天皇は譲位され、皇弟の孝徳天皇が即位、皇太子に中大兄皇子が就任する。この時、再び古人大兄皇子も皇位継承の候補者に挙がるが、蘇我氏が滅亡して後ろ盾を失っていたので吉野に出家して隠棲する。しかし、その後謀反のかどで謀殺されてしまう。

孝徳天皇の即位後、大化の改新の政治が展開、その中心は皇太子の中大兄皇子であった。大海人皇子はこの時補佐する立場である。孝徳天皇は十年の在位があり、崩御される。皇位継承が再び注目されるが、適当な候補者がなく皇極天皇が重祚され、斉明天皇となる。皇太子には再び中大兄皇子が立ち、改新の政治を推進する。斉明天皇四年、孝徳天皇の皇子である有間皇子が謀反のかどで謀殺される。

斉明天皇は百済から軍事支援の要請を受けて、援助のためにみずから筑紫に行幸される。当時、百済は唐・新羅の連合軍に圧迫を受けていた。ところが旅先の朝倉宮で崩御されてしまう。旅先のことで、中大兄皇子は皇太子のままで政治を行うと宣言されて、百済支援策を続ける。

その二年後、百済支援のため安曇比羅夫率いる日本水軍は半島に遠征するが、白村江の戦いで唐の水軍に大敗を喫する。すでに百済は滅んでいたが、その遺民を支援しての百済復興の戦いも無残な結果に終わったのである。その後、敗戦処理と国防強化のため近江の大津に都を遷して、天智天皇として即位する。

ところがその三年後、天智天皇は崩御されてしまう。崩御の年の年頭に皇子の大友皇子を太政大臣に任命、いよいよ病が重くなる中で皇太子の大海人皇子を枕元に呼び、皇位を譲ろうと相談される。大海人皇子は吉野で仏道を修行したいと辞退された。天皇の許しを得て出家し、吉野に隠棲する。当時の皇位継承は、豪族の推挙という以外明確なルールがなく、御世替りごとに混乱が生じ、山背大兄王、古人大兄皇子、有間皇子等の悲劇を生じ、そうした事件を目の当たりにして、このような決断に至ったのであろう。

内政・外交の視点から見てみると、推古天皇の三十二年におよぶ在位期間は、古代国家の発展・充実期であった。その中心には皇太子の聖徳太子がいて、これを支えたのは仏教興隆を推進した蘇我氏である。

中国では隋が国内を統一し、均田法を実施して国力を延ばした。しかし隋は隣国の高句麗をたびたび侵略し、国内で反乱がおこり三十年で滅亡する。この間、我が国は遣隋使を三回派遣している。この時代、隋の煬帝に国書を送り「日出《ひい》づるところの天子《てんし》、書《しょ》を日没《ひぼっ》するところの天子《てんし》に致《いた》す、恙《つつが》なきや」と述べている。『隋書』に記されている事実で、大国隋に対して対等の外交関係を展開し、朝貢体制を否定している。同時に留学生を多数送り、律令など最新の政治制度、学問などを学ばせている。

朝鮮半島では高句麗、新羅、百済が互いに覇権を争い、抗争を続けていた。そこに唐が興隆してくることにより、三国の状況はさらに複雑になっていく。その様子は百済の滅亡と百済復興に向けた軍事支援要請に端的に表れている。

政治状況を見ると、蘇我氏の滅亡後、皇室を中心とした中央集権国家の樹立が国家目標となる。その内容は孝徳天皇の大化の改新の詔に明らかである。公地公民の制を基本に、皇族や諸豪族が私有地を持つことを禁止、戸籍を作成し、田の大きさを定め班田収授法を徹底する。国司、郡司、防人など地方行政組織を充実させ、その任に当たる役人の役割を明確にした。旧来の徴税法を改め、租、庸、調の三つの税体系とする。官僚制度は天智天皇により冠位十九階から冠位二十六階へと改められた。唐の律令制度を取り入れて国家体制の充実・強化が推進された。こうした中で白村江の戦いで大敗をし、天智天皇の崩御という危機を迎える。

大海人皇子が出家し吉野に隠棲した直後の十二月、天智天皇は四十五歳で崩御される。太政大臣を務めていた大友皇子が政権の中心になったと推測される。年が明けて五月、大海人皇子の側近が「近江朝廷では天智天皇の山陵を造営しようと人を集めているが、必ず事あらん」と進言する。何か事件が起こりそうだとの報告を受け、六月二十二日に大海人皇子は側近の舎人などに「近江朝廷は、私を損《そこ》なわんとしている、今すぐに美濃国の向かい、皇太子領を管理していた多臣品治に状況を告げ、兵をあげて不破道《ふわのみち》を固めよ」と命じられた。不破の道は不破の関が置かれた街道で、東国と畿内とを結ぶ要衝の地。そこを占拠せよ、との命令である。

六月二十四日に大海人皇子は妃の鸕野讃良姫《うののさららひめ》、草壁皇子、二十数名の舎人と十数名の女孺を率いて吉野を脱出し、宇陀から名張に抜けて昼夜兼行で伊勢国に向かう。二日後には伊勢国に入り、迹太《おおど》川の辺から天照大神を遥拝し戦勝祈願をされた。そこから桑名郡家に入り、さらに美濃国不破郡野上に陣を遷し、指揮を執る。後に天下分け目の古戦場となる関ケ原である。この夜、雷が鳴り大雨となるが、天神地祇の助けがあれば必ず雷雨は止むと祈念すると、その通りになった。鈴鹿の関も抜かりなく固めて、七月二日に軍は二手に分かれ、不破の関から近江に至る道筋、および伊勢から大和に向かう道筋に進軍する。兵たちはよろいの上に赤い布をつけ、敵と区別した。

大和方面軍は、大伴吹負将軍の活躍により、短期に勝利を確かなものにする。また近江方面軍は、高市皇子を中心に近江朝廷軍との戦闘が開始され、七月二十二日には瀬田に達し、激しい戦闘の末に勝利して、翌日に大友皇子が自害して壬申の乱は終息する。約一カ月の攻防で、おそらく周到に準備された作戦でもあったが、古代史の重大な局面であった。

この様子を『古事記』の序文は次のように記している。

天の時、未だ臻《いた》らずして南山に蝉蛻《せんぜい》し、人事共洽《そな》はりて、東国に虎歩《こほ》したまいき。皇輿《こうよ》忽ち駕して、山川をこえ渡り、六師《りくし》雷のごとく震ひ、三軍電《いなずま》のごとく逝きき。杖矛《じょうぼう》威を挙げて、猛士烟《けむり》のごとく起こり、絳旗《こうき》兵を輝かして、凶徒瓦のごとく解けき。未だ浹辰《せいしん》を移さずして、気沴《きれい》自ら清まりき

（天の時が未だ至らないので、吉野山に蝉の脱殻のごとく隠棲した。しかし、その後人々の期待が高まり、東国に堂々と進軍した。すると大海人皇子の軍は、忽ちに山川を越え、雷のごとく震い、高市皇子の軍も稲妻のごとく進軍した。武器は威力を発揮し、猛き戦士は烟のごとく起こり、赤い旗をなびかせて、敵軍は瓦のごとく一挙に敗れた。何日もかからずに、妖気は自然と清まった）

こうして壬申の乱に勝利を収めた大海人皇子は九月に大和の飛鳥に戻り、翌年に飛鳥浄御原宮に天武天皇として即位された。以後、十四年にわたる天武天皇の治世が始まる。

緊張する神仏関係から敬神崇仏へ

当時、神仏関係は非常に緊張していた。その緊張を緩和し、敬神崇仏へと道を開いたのは天武天皇であった。仏教伝来後、各時代の天皇の対応を整理して、当時の神仏関係を考えてみたい。天武天皇は出家して吉野に隠棲するも、壬申の乱になると伊勢神宮を遥拝して戦勝を祈願し、大和での戦闘の中で神武天皇陵などに奉幣している。皇祖神の天照大御神、初代天皇の神武天皇に戦勝を祈ったのだ。こうしたところに仏教は一切関与しない。これを踏まえた上で、仏教伝来以来の流れを簡単になぞってみたい。

第二十九代欽明天皇の時代に仏教が伝来、西暦五五二年に百済の聖明王から仏像、経巻が献上される。それらを見た人々は「その優《すぐ》れたること比べるものなし」と激賞している。しかし、欽明天皇はこの仏像を拝礼すべきかどうか、諸豪族に諮問している。この時、蘇我稲目は「隣国はすべて拝礼している。どうして我が国のみ背くことがあろうか」と主張、これに対し保守派の物部尾輿、中臣鎌子は次のように主張した。

我《わ》が国家《みかど》の、天下《あめのした》に王《きみ》とましますは、恒に天地社稷《あまつやしろくにつやしろ》の百八十神を以て、春夏秋冬、祭《まつ》拝《つ》りたまふことを事《わざ》とす。方に今改めて蕃神《あだしくにのかみ》を拝まば、恐らくは国神《くにつかみ》の怒を致したまはむ（『日本書紀』）。

そこで欽明天皇は「よろしく情願《ねが》はむ人に付くべし」と詔され、試みに蘇我稲目に拝ませることにする。そうしたところ疫病が流行して、拝仏の祟りとされ、仏像は焼かれて難波の堀江に流してしまう。ここで仏像を「蕃神」と記し、隣国の神と認識している。当時の仏教観が垣間見られて、興味深いところである。

次の敏達天皇は「仏法を信《う》けたまはず、文史を愛《この》みたまふ」（『日本書紀』）と記録されている。この時代に蘇我馬子が自宅に仏殿を造る。すると疫病がまた流行し、再び仏殿を焼き、難波の堀江に流してしまう。天皇は蘇我馬子に「汝一人仏法を行ふべし」と詔して、他の人々が拝むことを禁じている。

次の用明天皇は「仏教を信けたまひ、神道を尊《とうと》びたまふ」（『日本書紀』）と記されている。恒例の新嘗祭を行った後で、天皇は「朕、三宝《さんぽう》に帰《よ》らむと思ふ、卿等《いましたち》議れ」と諮っている。これに対して物部守屋と中臣勝見は「何ぞ国神《くにつかみ》に背きて、他神《あだしかみ》を敬《いや》びたまはむや。もとよりかくの如きことを識らず」と強く憤り反対する。これに対し蘇我馬子は「詔の随に助け奉るべし。誰か異《け》なる計《はかりごと》を生さむ」と主張し、両派は深刻な対立を生むことになる。その後、物部守屋は崇峻天皇の時代に蘇我馬子に攻められ滅亡する。この時に活躍したのが、用明天皇の皇子・聖徳太子であった。聖徳太子は四天王に必勝を祈願して、その報賽に大阪に最古の寺院である四天王寺を創建する。ここに廃仏派の中心であった物部氏は力を失ってしまう。

次の崇峻天皇は蘇我氏により弑逆され、混乱の中に即位されたのは用明天皇の同母妹で、敏達天皇の皇后であった推古天皇である。皇太子に聖徳太子が就任して政治を補佐した。父は欽明天皇、母は蘇我稲目の娘である。天皇は即位二年目に「三宝《さんぽう》を興《お》し、栄《さか》えしむ」と詔される。「三宝興隆の詔」と呼ばれる仏教興隆の宣言である。この時、諸臣は「おのおの君親のために競つて仏舎をつくる、即ちこれを寺といへり」と伝えている。諸豪族が競って、天皇や親のために寺院を創建したのだ。

皇太子であった聖徳太子は十七条憲法を制定する。その第二条は「三宝興隆の詔」を反映したものである。「篤《あつ》く三宝を敬へ。三宝とは、仏《ほとけ》・法《のり》・僧《ほうし》なり。則ち四生の終帰《おわりのよりどころ》、万国の極宗《きわめのむね》なり。いずれの世いずれの人か、この法を貴ばざる。人尤《はなは》だ悪しきもの鮮《すくな》し。能く教ふるときは従ふ。それ三宝に帰《よ》りまつらずば、何をもってか枉《まが》れるを直《ただ》さむ」（篤く三宝を敬いなさい。三宝とは、仏とその教えと僧である。それはすべての生きるものの帰するところ、万国の最も尊い教えである。いずれの世、いずれの人もこの法を貴ばないものはない。人間には本当の悪人は少なく、よく教化すれば従順になるものである。もし三宝に帰依しないならば、何をもって間違ったことを匡すことができようか）。仏教で国民を教化し、平和な世の中を実現したいという理想がここに高らかに宣言されている。

この十七条憲法の示すところの仏教への認識は、仏教伝来時の蕃神《あだしくにのかみ》（隣国の神）という認識を越えて、万国に共通する普遍的な道徳の教えが仏法の中にあり、それゆえに尊び敬うべきものである、という認識に至っている。聖徳太子という青年皇族が真理探究の末に到達した仏教理解であった。

その後、乙巳の変があり蘇我氏が滅亡し、大化の改新の政策を推進した第三十六代孝徳天皇は「仏法を尊《とうと》び、神道を軽《あなず》りたまふ」（『日本書紀』）と記されている。推古天皇以降、仏教興隆政策が進められたわけであるが、「神道を軽りたまふ」という表現は看過できない表現であったと見えて、書紀の編集者はここに注を付けている。難波宮の造営に当たり、生國魂神社の神木を伐採して造営材とした、こうした類のことがあった、と注書している。不安定な神仏関係を示すエピソードである。

こうした緊張した神仏関係を敬神崇仏という安定した関係にされたのが天武天皇であっ

た。国の由来を記した『古事記』『日本書紀』の編纂、日本の骨格となる法令「律令」編纂にそのことが端的に見える。

天武天皇が即位されて以降、『日本書紀』の記録を見ていくと、多く神事と仏事とが並行して行われている。例えば六七六年、夏、旱《ひでり》につき諸社に奉幣、僧尼に三宝に祈らせる。十一月新嘗祭。諸国に放生、金光明経・仁王経を説く、という具合である。神々に祈りを捧げる神事を行うとともに、蕃神に対しても同じように仏事を行った。しかし、神仏関係が同じかというと、必ずしもそうではない。仏教関係では六八〇年に皇后のために薬師寺を建立している。御自身の最晩年には病気平癒のためにたびたび仏事を行っている。

当時の神仏関係の記事を見ながら「律令」の条文を見ていくと、現実の施策と法令との関係が確認できる。後の大宝律令（七〇一年成立）で確認してみるに、律は刑法、令は行政法（全三十巻）で、巻一官位令、巻二職員令、巻三後宮職員令、巻四東宮職員令、巻五家令職員令、巻六神祇令、巻七僧尼令……となっている。官位令は各役所の役人の名称、身分を規定し、職員令で各官庁の定員、職掌、構成などを規定する。その冒頭は神祇官、次が太政官、中務省、中宮職、図書寮……となっている。

職員令の冒頭は神祇官から始まる。そして職員令の後に来るのが神祇令（二十条）で、神々に関しての内容となっている。その後が僧尼令（二十七条）である。この順番も大事であるが、もっと面白いのはその内容である。神祇令の内容については、後で詳しく述べたいと思うが、僧尼令とはどんな法令なのか、確認してみたい。

第一条　凡そ僧尼《そうに》、上づかた玄象《げんしょう》を観、假《いつわ》って災祥《さいしょう》を説き、語《こと》国家に及び、百姓を妖《よう》惑《わく》し、併せて兵書《へいしょ》を習い読み、人を殺し、姧し、盗し、及び詐《いつわ》りて聖道《しょうどう》得たりと称せらば、並びに法律に依りて、官司に付けて、罪科せよ

第二条　凡そ僧尼、吉凶《きっきょう》を卜《うらな》ひ相り、及び小道《しょうどう》、巫術《ふじつ》して病療《やまいいや》せらば、皆還俗《げんぞく》。其れ仏法に依りて、呪《しゅ》を持して疾《やまい》を救はむは、禁むる限に在らず

この二条を見るだけで、僧尼令が僧尼を取り締まるための法令であることが理解できるだろう。六八三年に「僧正、僧都、律師を置く」とあるのは僧尼の監督官庁を置いたという記録である。天武天皇の施策が法令の条文に反映している例でもある。このような条文

に接すると、当時僧尼がどのように見られていたか、よく理解できる。

　当時の僧侶は最高級の知識人で、遣隋使や遣唐使に従って留学し、国の博士に任じられ、新国家建設のブレーンでもあり、朝鮮半島や中国の文化、宗教、学問にも通じていて、大きな影響力を持っていた。そこで、してはならないことを法律で定めた。国家統治に関わることには触れるなと規制し、占いやまじないも禁止している。仏教興隆を支えた蘇我氏の暴挙などがその背景にあったかもしれないが、天武天皇自身「天文・遁甲を能し」（天文を観察して吉凶を占ったり、天下国家のことを占うことを能くした）ということであったので、その危険性をも承知していた。知識人が世の中を惑わすことのないように規制して、許したのは仏法による病気平癒の祈りだけであった。

　当時、僧尼の戸籍を管理したのは玄蕃寮《げんばんりょう》であった。玄蕃寮は外国の使節の出迎え、儀式や接遇をする役所であり、そこで僧尼の管理をしていた。僧尼をどのように位置付けていたのか、よく分かるところである。飛鳥の都には仏教寺院がすでにたくさん建設され、今までにない宗教空間で僧尼による読経が行われた。礎石を据えて太く高い柱を立て、瓦葺きの大きな寺院と、その中に祀られた仏像は文化面でも香り高い施設であったことに違いなかった。

神仏の持ち別けを明確にして、敬神崇仏の基礎を作ったのが天武天皇であった。古来、天皇は天神地祇の祭りを行い、天下安穏や五穀豊穣を祈ってきた。これに仏事も加わり国家鎮護を祈るようになるが、当初は緊張が続いた。奈良時代になると、聖武天皇による東大寺の創建があり、鎮護国家の仏教として発展していくが、その基礎が作られたのである。

神祇祭祀の整備と神宮式年遷宮の創出

仏教伝来の時、天皇は「天地社稷の百八十神を以て、春夏秋冬、祭拝りたまふことを事とす」と認識されていた。それから約百年後、天武天皇の時代には神事と仏事とがほぼ並行して行われるようになる。国家祭祀についてもこの時代に整備されているわけであるが、それはどんな形であったのだろうか。古来の神祭りの伝統の上に、唐の祠令に学んで神祇令を完成させる。独自の神祭りに関わる法令を整備している。

唐の祠令では、天神（昊天上帝・日月・星辰）の祀、地祇（土地や五穀の神・社稷）の祭、宗廟（先祖）の享、聖人・先師の釈奠と区分され、一年十二月の中にこれらの祀、祭、享、釈奠を行うべく配している。これに対して神祇令では、天神地祇の祭祀を定め、先祖の享や聖人の釈奠は除いている。また天神と地祇の区分もあいまいで、祭も祀もどちらも「まつり」と訓み区別していない。祠令が祀、祭、享、釈奠のそれぞれの時期、対象、場所を明記するのに対して、神祇令では祭の季節と名称だけを記している。そして天皇の即位儀礼と大祓を加えているところに大きな特徴がある。

実際に神祇令の中身を検討すると、大和盆地にある古社の伝統の祭り、伊勢神宮の祭りなどが取り入れられていて、祭りの名称さえ示せば理解できたのであろう。また古くから宮中で行われてきた新嘗祭が整備されて、この時代に即位儀礼として位置付けられた。天皇と神祭りが密接であったので、従来行われてきた新嘗祭が即位儀礼として行われるようになった。さらに年二回の大祓も伝統が久しかったので、国家儀礼として取り入れられたのである。

さらに大事なことは、祈年祭《としごいのまつり》という祭りが創出された。全国の神社に幣帛《みてぐら》を奉って祭りを行う形式で、全く新しい祭りの創造である。全国にたくさんの神社があって、それぞれの地域で久しい祭りの伝統があり、地域社会の安寧、五穀豊穣の祈りが継続されてきた。その神社の神主《かんぬし》・祝《はふり》たちに春二月、神祇官の役所に集まってもらい、天皇からの幣帛を頒《わか》つ班幣の祭りが行われた。ここに当時の百官も参列して、国家繁栄の基礎をなす五穀豊穣を祈った。神主・祝たちは幣帛を預かり、神社に戻ってそれぞれ祭りを行った。

天智天皇・天武天皇の時に基礎が固められた律令国家の樹立は、最終的に七〇一年に「大宝律令」として完成する。「大宝律令」は現在残っていないが、改定された「養老律令」でほぼ全容が分かる。その後平安時代中期になり、令の施行細則としての『延喜式』（九二七）が完成して、当時の祭祀の様子が克明に分かる。その『延喜式』に定められた神々へのお供え物、献供の品々、祭具などと宗像大社の沖ノ島出土の祭祀遺物を比較検討してみると、『延喜式』の「神祇式」の中で決められた内容が六、七世紀の段階ですでにあるという。七〇一年に完成する律令祭祀の先駆的形態が、それより百年も前に行われていた。「神祇令」が編纂される百年以上前から、律令祭祀の原型となる祭祀形態がずっと行われてきた。祭祀の継続伝統の上に法整備が行われたのである。

伊勢神宮の御神宝の中に高機、紡績具、五弦琴が存在するが、ほとんど同じ形のものが宗像大社の沖ノ島からも出土している。それは少なくとも五世紀に遡るとも云われている。伊勢神宮の神宝の起源を考える上でも大事な点である。天武天皇の時代に祈年祭が始められたと指摘したが、ここで初めて制度化されたのであり、中央政府（天皇）から個別の神社に幣帛を奉って祭りを行う形式は、かなり以前から出来上がっていたと考えられる。

当時の神社数が『延喜式』の神名帳に記された神社数とほぼ同じであったことは『出雲国風土記』の記録から明らかであり、天平時代にすでに『延喜式』の神社数に倍する神社名が確認できることの意味は大きい。

「神祇令」に定めた国家祭祀は大和の古社、大神神社や廣瀬神社、龍田神社、また伊勢神宮の祭りを国家の祭祀としたと指摘したが、それぞれ独自の伝統のもとに久しく行われてきた。伊勢神宮の祭りについてもすでに久しい伝統になっていて、独自の発展を遂げてきていた。神宮の伝承によれば、天武天皇の宿願により式年遷宮が創出された、と伝えている。

おそらくこれまでは社殿が壊れれば、修理し造り替えることがたびたび行われてきたが、これを二十年に一度の式年で遷宮を行うことにした。式年遷宮の制度の確立である。

その立案者こそ天武天皇であったという。普通、建物は永続性を求めて石などの建築資材を用いて堅牢に作るわけであるが、神宮の場合大きな森の中の大木が林立する佇まいの敷地に、掘立柱茅葺、屋根に千木・鰹木を置く、素朴な社殿構造の本殿を造営する。最初から永続性を求めていない。その代わり同じ敷地を東西に設けて、二十年ごとに社殿を造り替え、神に遷宮していただくシステムにしたわけである。台風や大雨、地震などの災害にさらされる自然環境の中で、永続性を求めた結果が式年遷宮の制度であった。

当時の日本は仏教が伝来して久しく、壮大で堅牢な寺院建築を知っていた。また律令制度の輸入で、政治の中心となる巨大な大極殿の建設を行っていて、堅固な建物を設けることも可能であったが、しかしあえて神々の住まいは伝統を重んじて、在来の素朴な伝統を保持することにより、日本独自の方法を創出した。日本は一国で独自の文明を創ってきた、という見解があるが、インドや中国の文明と接することにより、日本の独自性を自覚したともいえる。

このように考えると、皇祖天照大御神に関する伝承、初代神武天皇に関する伝承を正しく伝えていくことは、壬申の乱を経た天武天皇の切実な願いであった。時代は新制度のもとに国造りが行われ、仏教が興隆し、大きな変革をしている。『古事記』序文に記された「その失《あやまり》を改めずば、未だ幾年《いくばく》をも経ずしてその旨《むね》滅びなむとす」との危機感が差し迫っていた。ゆえに稗田阿礼に勅語して、正しい伝承を残されようとされた。そうした編集作業とともに、伝統祭祀の整備と振興を行い、神々への信仰をも揺るぎないものにして、国の発展と繁栄を祈る形を整えられた。それが永く日本の骨格になっていく。それを中心となって推進したのが天武天皇であった。『古事記』編纂はその中核の事業であった。

第三章　日本神話と鎮守の森

はじめに

神道とは神社を中心に展開される日本の民族宗教である。日本列島以外に神社はなく、日本人と密接不離の宗教といってよい。神社が地域社会の中心であった時代から―もちろん現在もそうであるところはたくさんあるが―すでに住民がそんな風に意識しないという意味の時代になってしまった。しかし神社にまつられた神々は、日本および日本人にとって不可分の関係にある。神々の伝承の中に日本人の起源や建国の由来が語られている。まずその原点を探ってみたい。

神話が伝える日本の誕生

日本神話は『古事記』『日本書紀』に記録された。千三百年前のことである。日本には文字がなかったので、漢字を自在に使いこなせるようになり、この時代になり初めて実現した。ちなみに『古事記』は漢字の音訓を交えた和文で記され、『日本書紀』は堂々たる漢文で記された。

その内容は大筋で両書とも一致しているので、当時の知識人の共通理解があったものと推測できる。それ以前、文字のなかった時代には口頭で伝えられてきた。日本神話が伝える内容は一体、いつ頃まで遡ることができるのか。

稲作の由来を伝えているので、少なくとも弥生時代までは遡ることができると考えられる。考古学では、縄文時代から弥生時代に変わる時期を二千五百年前頃と推測している。そして極めて短期間に、稲作は東北地方の北部にまで広がる。稲作の開始で日本の社会は大変革を遂げた。その変化の総体を日本神話は、神々の物語として伝えているとも考えられる。

日本神話の展開について、『古事記』を中心に概要を記してみたい。最初に世界の初めについて語る。天地初発の時、大地は水上に漂うあぶらの如く混沌としていた。その中に葦《あし》牙《かび》のごとく、神が出現して、次々に神々が誕生する。神世七代《かみよななよ》があり、やがて伊邪那岐《いざなぎ》・伊邪那美命《いざなみのみこと》という男女の始祖神が誕生する。この二柱の神は、結婚して国土を生み、山川草木および火や水の神々を生み、最後に太陽に象徴される天照大御神《あまてらすおおみかみ》、月に象徴される月読命《つくよみのみこと》、海に象徴される須佐之男命《すさのおのみこと》が生み成される。

伊邪那岐命は、天照大御神に神々の国である高天原《たかまのはら》を、月読命には夜食国《よるのおすくに》を、須佐之男命には海原《うなばら》を、それぞれ治めるよう命じる。しかし須佐之男命は父の命に背き、亡き母のところへ行きたいと泣いてばかりいて、ついに追放されてしまう。それから様々な事件が起こることになる。

須佐之男命が姉の天照大神に暇乞いの挨拶に行くと、国を奪おうとの野心があるように誤解される。誓約《うけい》の占いをして誤解が解けると、須佐之男命は潔白を証明できたことに喜び、いたずらが過ぎて、天照大御神は嘆き悲しんで天岩戸に隠れてしまう。すると常闇の夜が続き、世の秩序が崩れて災いが頻発するようになる。神々は相談をして、天香山の真《ま》坂樹《さかき》を採り、その枝に鏡・勾玉・紙垂をかけて、庭火を焚き、必死に祈る。天宇受売命が神楽を舞い、神懸りして裸になってしまう。すると神々の大笑いが起こる。神々の笑い声を不審に思った天照大御神が天岩戸を開くと御自身の顔が鏡に写り、さらに身を乗り出さされたところを手力男命が手を引いて、天照大御神を岩戸から引き出すと光があふれ、秩序が回復し平和が到来する。これが天岩戸神話と呼ばれるものである。

その後、須佐之男命は高天原から追放され出雲国へと天降り、八岐大蛇《やまたのおろち》退治の神話へと展開して行く。出雲に天降った須佐之男命は八岐大蛇を退治し、助けた櫛名田比売《くしなだひめ》と結婚する。やがて大国主神《おおくにぬしのかみ》が誕生し、この神はその名の如く国土を開拓して、偉大な国主として成長して行き、多くの姫神と結婚して子孫が繁栄する。

ただこの国は天照大御神の子孫が統治する国と決まっていたので、国譲り神話へと展開して行く。高天原から建御雷神《たけみかずちのかみ》、経津主神《ふつぬしのかみ》などが遣わされ、国譲りの交渉に当たる。平和裏に話し合いが進み、大国主神は巨大神殿の建設を条件に国を譲ることになる。「柱は高く太し、板は広く厚くせむ」と、具体的に条件を示している。平成十二年に出雲大社の社殿前から、直径一・三五メートルの杉柱三本を束ねて一本の柱とし、表面は紅殻で赤くぬられた柱跡が発見された。現代の社殿より神話が伝える社殿の方がずっと大きかったようである。

無事に国譲りが済むと、その国土、葦原中国に天照大御神の孫である若々しい神が天降る。その神の名は番能邇邇藝命《ほのににぎのみこと》といい、稲穂がにぎにぎしく稔るという意味を持つ。天降る場所は日向国高千穂峰《たかちほのみね》で、稲穂を高々と積み上げたとの意味である。天孫はその時に天照大御神から三種の神器と稲穂をいただき、永遠の発展を言祝ぐ言葉をいただき、地上に天降ってくる。

三種の神器とは、鏡・勾玉・剣の三種で、鏡については「これの鏡は、専ら我《わ》が御魂《みたま》として、吾《あ》が前を拝《いつ》くがごとく拝き奉れ」と言葉を添えられ、勾玉と剣は皇位のお守りとするように、稲穂は国民の糧としなさい、と詔される。

番能邇邇藝命は葦原中国に降ってくると、まず山神の娘、桜に象徴される木花佐久夜毘売《このはなさくやひめ》と結婚する。ここに海幸彦・山幸彦が生まれ、二人はお互いの得物（釣針と弓矢）を交換して狩りに出る。そこで山幸彦は釣針を失くしてしまい、海神の宮へ探しに行く。その処で海神の娘、真珠に象徴される豊玉毘売《とよたまひめ》と結婚する。そこで鵜葺草葺不合命《うがやふきあえずのみこと》が生まれ、次の世代に神武天皇が誕生する。神武天皇は国の中心は東方にあると宣言し、東征の旅に出る。瀬戸内海を通り、熊野の山を越え、大和に入り、ついに橿原宮《かしはらのみや》で初代天皇として即位される。以来、百二十五代連綿として現代に至る。日本列島の始まりの物語と、壮大な神武天皇建国伝承である。

現代社会と神話世界を結ぶもの

昭和四十二年二月十一日の「建国記念の日」は、戦後初めて祝日となった記念すべき日である。この日はいうまでもなく戦前は「紀元節」としてお祝いされてきた。明治五年、新暦を採用するに当たり、神武天皇が橿原宮に「辛酉《かのととり》歳春正月一日」に即位されたとする伝承を重んじ、この年を紀元元年として、即位の日を紀元節としてお祝いしてきた。正月元旦を新暦に直すと二月十一日になったので、この日を祝祭日「紀元節」としたのだ。しかし建国記念の日の復活は、当時の学会に大論争を引き起こした。近代史学の立場から、神話伝承に根拠を置く「建国記念の日」に強い反対があり、これを廃止した連合軍の占領が解除され、日本が独立を回復してもすぐに紀元節復活に至らなかったのだ。ちなみに今年（平成三十年）は神武天皇即位以来二千六百七十八年である。また平成二十八年四月三日には神武天皇が崩御されて二千六百年の式年祭が行われ、今上陛下が御親祭された。

しかし神武天皇が正月元旦に即位されたと伝承してきた事実は興味深い。正月は現代の私たちにとっても特別な時間で、「一年の計は元旦にあり」という。建国の原点が正月元旦から始まったというのが昔の人の実感だった。古伝承の中に人間の真実が生きている、といってよいのだろう。

さて、国の成り立ちについては日本神話の展開の中で述べた通りで、日本神話には現代社会につながる日本の国の原点や物事の由来が見事に語られている。そして具体的な「神器」が皇位の象徴として伝えられ、毎年繰り返される「祭り」を通して、神代につながっている。日本には神社がたくさんあり、約八万社といわれている。集落があると必ず神社がある。

出雲大社の起源はすでに述べた。大国主神の御子神である事代主神は出雲国美保神社に、建御名方神は信濃国諏訪大社にまつられている。国譲りの交渉に遣わされた建御雷神は常陸国鹿島神宮に、経津主神は下総国香取神宮にまつられている。

出雲大社では古伝新嘗祭という由緒ある祭りが行われ、出雲国造である宮司が新穀を供え、自らも食べて神恩に感謝し、国家安泰、五穀豊穣を祈る。美保神社では毎年四月に青柴垣神事という国譲り神話に由来する祭りが行われていて、諏訪大社では七年に一度御柱祭という山から神木を引き出す珍しい祭りが行われ、地域の人々の心を沸き立たせている。はるかな古代の息吹を感じさせる祭りである。香取・鹿島神宮では午年を式年大祭とし、両社合同の祭りで軍神祭すなわち国譲り交渉の面影を残す祭りを行っている。

出雲大社の大国主神は別名を大物主神といい、大和国大神神社にまつられ、神武天皇以後の皇統を守護する神となって行く。皇室に伝えられた三種の神器、とくに御鏡は皇祖天照大御神の御魂として手厚くまつられた。勾玉・剣は皇位のお守りとして常に天皇の近くに置かれた。

第十代崇神天皇の時に疫病が流行り、国民の大半が死んでしまうという事件が起こり、天皇は必死の祈りの中から、大神神社や天社・国社をまつることにより危機を脱することができた。この時の経験から、天皇は皇居の中に祭っていた御鏡を皇居の外にまつることにする。御鏡と剣の写しを造り、これを皇居で祭祀するとともに、天照大御神親授の御鏡・剣は大和国笠縫邑にまつる。その後、第十一代垂仁天皇の時代に皇女倭姫に命じて、伊勢の五十鈴の川上にまつらせた。これが伊勢神宮の起源である。

第十二代景行天皇の時代、倭建命は東国平定の命を受け、伊勢神宮に戦勝を祈願する。

その折、叔母の倭姫から神剣と火打石を与えられる。相模国に至った時、賊に囲まれ火を掛けられ、進退窮まった倭建命は神剣で草をなぎ払い、火打石で向火《むかえび》を焚き、危うく難を逃れることができた。以後、この剣は草薙剣《くさなぎのつるぎ》と呼ばれるようになる。倭建命は東国平定の後、尾張国造の娘、美夜須比売《みやずひめ》と結婚する。命は美夜須比売の元に草薙剣を置いて、荒ぶる神の退治に出掛けるが、油断し命を落としてしまう。落命した倭建命の魂は白鳥となって故郷に向かって飛び去ったと伝えている。神剣は美夜須比売の元でまつられ、尾張国の熱田神宮の起源となった。

神の鎮まる森と神社創建伝承

　主要な神宮、神社の起源については神話伝承があり、現在もその祭りが絶えることなく継続している。次に全国に約八万社あるといわれる一般神社について考えてみたい。大半の神社がこんもりと茂った鎮守の森の中に鎮座する。旅をすると列車の窓からいくつもの鎮守の森を見ることができる。平野部の田園にこんもりと茂る森、棚田の広がる山間の山裾に古木の残る森、あそこに神社がまつられているとすぐに見当がつく。鎮守の森と集落や田んぼとの間には一定の秩序があり、見ているだけで心が安らぐ。まさに日本の原風景で、私たちの先祖がこの土地で懸命に働き、造ってきた景観である。

『万葉集』に鎮守の森を詠んだ歌が何首もある。すでに紹介しているように、その大半が「社」「神社」と記してモリと訓ませている。

木綿《ゆう》懸《か》けて斎《いつ》くこの神社《もり》越えぬべく思ほゆるかも恋《こい》の繁《しげ》きに（巻七・一三七八）

紀の國に止《や》まず通《かよ》はむ妻《つま》の社《もり》妻寄《よ》しこせね妻と言《い》ひながら（巻九・一六七九）

最初の歌は大神神社すなわち三輪明神の神事に関連して詠んだもの。木綿は楮の白い繊維で織った布で、その木綿を付けた注連縄を引き廻らし、厳重な物忌を行い神事に専念している。当然そこに立ち入ってはいけないが、愛する人は神社の向こう側に住んでいて、恋しさが募り禁忌を破ってでも越えて行きたい、との意である。

妻の社は和歌山市にある古社で、作者はしばしばここにお参りしたのだろう。いつも通って行くので、私に妻をお与え下さい。妻というの名の通りに、との意である。

ここで「神社」「社」ともにモリと訓まれる。モリがすなわち神の鎮まるところという意識があるからだ。『万葉集』が編纂された八世紀頃には、神の鎮まるところはモリだったのだ。これが現代の鎮守の森へとつながってくる。

八世紀に諸国の『古風土記』が編纂される。『常陸国風土記』に興味深い神社創建伝承が記録されている。現在の茨城県行方市、霞ケ浦の西側に広がる地域の話である。

昔、継体天皇の時代に麻多智《またち》という者がいて、地域の西に広がる葦原を開墾して、新たに水田を開いた。そこに夜刀《やと》の神が仲間を大勢引き連れて現れ、そこ彼処にたむろして、耕すことができなかった。夜刀の神とは蛇のことで、頭に角があり、これを見た者は家が滅びてしまうという恐ろしい神なのだ。

麻多智はこれを見て怒り、自ら鎧《よろい》を着けて武器を執って、手当たり次第に夜刀の神を打ち殺し、山口まで追い詰める。そして境に標柱を立て「ここから上は神の地としよう。しかし下は人の耕す水田とする。今から後、私は神主となって永遠に祭りを続けよう。お願いだから祟ったり恨んだりしないでくれ」と宣言する。そして社を設けて、初めて祭りを行った。麻多智の子孫は今も相継ぎ、祭りが絶えないという。

さて、この古伝承をどのように考えたらいいのだろうか。これこそ神社創建の典型例ではないだろうか。今から二千五百年前に北九州に稲作が伝わり、瞬く間に日本全土で稲が栽培されるようになる。稲作の普及は社会を根底から変えて行く。定住化し人口も爆発的に増加、文化も格段に進んだことだろう。

そうした中であまり変化しなかったものもあった。前代、縄文時代に培われた神観念などはその一つであった。森羅万象、山川草木虫魚に至るまで神宿るという観念である。永い森の中での生活で培われた感性は、私たちの深層に生き続けた。

農民にとって蛇や百足《むかで》などは恐ろしい害虫である。大国主神は鳥獣、昆虫の災いをなくそうと「まじない」を教えている。にもかかわらず麻多智は蛇を鄭重に祭る。山口に社を建て、山は神の棲むところ、里は人が生業を営むところと棲み分けたのだ。こうしたことは各地で起こったことではなかったか。

この話には後日譚がある。その後、孝徳天皇の時代になり、茨城国造が夜刀の神の棲む谷を占有し、ため池を造成しようと堤を築くと、椎の樹の麓にたくさんの蛇が現れて動こうとしなかった。国造は「池を造るのは、米を増産し、人々の幸せのためだ。どの神が国の方針に従わないのだ」といい、すべて打ち殺せと命ずる。すると夜刀の神は黙って森に隠れた、と伝える。国や地域発展の犠牲となった。環境と開発の問題の生じ始めた例である。しかし自然の中に神を見る感性は根強く残り、開発も抑制の効いたものとなった。夜刀の神の神社は、行方市に椎井神社として今もまつられている。

鎮守の森の祭り

鎮守の森は神の棲む森で、ここで毎年祭りが続けられてきた。文部省唱歌「村祭り」（明治四十五年）を聞いてみよう。

村の鎮守の　神様の　今日はめでたい　御祭日《おまつりび》
どんどんひゃらら　どんひゃらら　どんどんひゃらら　どんひゃらら
朝から聞こえる　笛太鼓

年も豊年　満作で　村は総出の大祭
どんどんひゃらら　どんどんひゃらら　どんどんひゃらら　どんどんひゃらら
夜まで賑う　宮の森

心が浮き立つようなリズムで、豊作を感謝する喜びにあふれている。毎年、祭りが近づくと笛・太鼓の稽古が始まり、祭り当番の準備も怠りなく、当日は村総出のお祝いで夜遅くまで賑う。

神輿や山車が宮の森から引き出されて、村や町を巡行する。氏子区域を巡って、神様の恵みや力を直接に分け与える。そして神主や町や村の大人たちにより厳粛な神事が執り行われる。町や村の自治・繁栄に責任を持つ人々が心身を清め真剣に神に祈り、豊作に感謝する。祭りは毎年欠かさず行われるところに意義がある。そのため鎮守の森は常に清らかに保たれてきた。初めは清らかな祭りの庭のみがあったのだと思うが、やがて仮設の社殿が設けられ、常設社殿へと発展した。

台風や梅雨、豪雪といった日本独特の風土の中で、鎮守の森を清らかに保ち、社殿を常《とこ》宮《みや》の静宮《しずみや》と維持して行くのは相当な努力を要する。多くの人が心を寄せてきたからこそ維持できた森といえるのである。

近代化の荒波の中で

現在、神社は約八万社ある。明治時代までは約二十万社あったといわれる。幕末まで神社の境内地、神領は特別に保護されてきた。江戸幕府の「神社条目」という法令では神領の一切の売買を禁止、質に入れることも不可としている。江戸期を通じて制度的に鎮守の森は守られてきたのである。

明治維新後、神社の所有地はすべて国有地となる。よって自由な処分は不可能であった。ただ明治三十三年以降、政府内務省神社局は維持困難な小規模神社の統廃合を推進する。国や地方公共団体が神饌幣帛料を供進するに足る威厳ある神社の体裁を追求したからである。しかも合祀後の跡地は無償で譲与するとしたので、統合が進むことになる。官主導で神社合祀政策が推進され、和歌山県・三重県ではとくに強力に推進された。ただ地方の対応はまちまちで、全く行わない県もあった。

この神社合祀策に反対したのが植物学者の南方熊楠や民俗学者の柳田国男であった。鎮守の森がたくさんの生物・微生物の宝庫であり、民間芸能が伝承される場であるという理由からであった。鎮守の森の破壊は、信仰の破壊にもつながる。合祀策は反対運動の高まりを受けて、沙汰止みとなる。しかし神社数は十二万社に減少した。官僚主導の政策の影の部分である。

戦後、神社は国家管理を離れて宗教法人となる。宗教法人となった神社数が約八万社である。ＧＨＱの占領政策で神社は国家から強制分離され、国家との関わりを断たれ、神道に関するあらゆる象徴、日本神話は公教育の中から排除された。紀元節の廃止もそのひとつである。ただ国有地となっていた神社所有地は、特別立法により一定の手続きで神社に戻された。

ここで新たな問題が生じる。法人の判断で境内地の処分が可能となるからである。そこで全国神社の包括法人である神社本庁の規則で自由に処分ができない仕組みを作っている。神社人の叡智といえる。ただ現実には、戦後の急激な都市化や開発の中で鉄道や生活道路網の整備のために、神社境内地が処分された。公共性の高い事業は承認せざるを得ないからだ。鎮守の森が削られ、本来の形を維持できなくなったところもあると思われる。開発や利便性よりも鎮守の森が必要との国民合意がなければ、この流れは止めることができない。

神話の時代から現代にもたらされたのが鎮守の森である。古木が生い茂り、高木、低木、下草がバランスよく生え、たくさんの鳥、昆虫、微生物などが生きる空間で、生態系豊かな森である。森の中には清らかな庭があり、社殿があって毎年祭りが行われてきた。ここで神々の声に耳を傾け、神意を汲んで私たちの先祖は慎ましく勤勉に生きてきた。かけがえのない鎮守の森を、経済を最優先に破壊してしまう愚を避けねばならない。鎮守の森の声に真剣に耳を傾ける必要があるのではないだろうか。

第四章　暮しの中の神道

正月　神代を感じる年の始め

凛とした厳しい寒さの中、初日の出を拝み、若水を汲む。門口に門松が立てられ、玄関に注連飾り、床の間には三方に重ね餅が供えられている。神棚、仏壇、井戸端の水神様、台所の荒神様（火神）、お便所の神様なども清められ、真新しい御幣などが飾られている。大晦日に大祓をして、家族そろって夜遅くまで年越しの夜を楽しんだのに、新年が明けるとすべてが改まって清新の気に溢れている。何だか不思議な気がするのである。

家族全員が晴れ着を着て、新年の挨拶をして、おせち料理を囲み、お屠蘇で乾杯、若水で調理した雑煮をいただく。父親から「明けましておめでとう。今年も良い年でありますように」と毎年恒例の挨拶がある。そしてお年玉をいただく。日本中の家庭で同じような光景が見られるのではないだろうか。家ごとの家例やしきたりがあって少しずつ行うことは違ってはいるが、正月は歳神を祭る大事な祝いの時であるという原点が生きている。子供の頃は楽しさばかりが印象に残るが、大人になると少しずつ正月の意義、素晴らしさに気がついてくる。

○

元日や神代《かみよ》のことも思はるる

これは伊勢の神宮（内宮）の祠官・荒木田守武の句である。守武は室町時代の人で、禰宜の筆頭にまで進んでいる上級神官である。また連歌、俳諧に優れて、俳諧の祖とも称される。神宮は皇祖天照大御神を祭り、年間数多くの祭りが行われている。その祭りはお米の生産と直接結びついている。年末年始はとくに祭事も多く、大晦日の大祓から翌元旦の神事に奉仕し、一息ついたところの実感を吟じたものであろう。

春にあけて先づ看《み》る書《ふみ》も天地《あめつち》の始《はじ》めの時と読みいづるかな

こちらは越前の幕末の国学者・歌人である橘曙覧《たちばなのあけみ》の歌である。曙覧は清貧に甘んじ、自然に遊んで多くの和歌を残した。学問の原点こそ和歌の修行にあるとして、生活の中で国学を実践した。日本の国柄に深い理解を示す国学の歌人は、読書始めに『古事記』を選んで、その冒頭「天地の初めの時、高天原に成りませる神の御名は……」と読んでいたようである。

二人が生きた時代には四百年近い隔たりがあるにもかかわらず、正月を迎えた日本人としての意識は共通している。現代に生きる私たちも同じような意識を持っている。新しい年を迎えると、それまでの日常の時間が消えて、嘘のように輝きを増した時が流れる。神代に通じる気がするのである。神代に回帰して、新しい時が刻まれ始めるのである。

○

『魏志倭人伝』によれば、倭人は「正歳四時」を知らないが、「春耕秋収を記して、年紀と為す」とある。三世紀頃の日本の様子を記録したものだ。当時、日本には暦がなく、正月という意識もなかったが、「春耕秋収」をもって年紀としていたと観察している。生産歴で年を数えていたということである。「とし」（年・歳・稔）が元来稲の稔りを意味したということが実感として理解できる。数え年で年齢を数える風は、その源流が古いのである。

我が国は紛れもなく、稲作栽培をもって繁栄発展してきた。「豊葦原瑞穂国《とよあしはらのみずほのくに》」と称えられた国土こそ生産の基盤である。この国土も神々が生み成したと信じられてきた。毎年の稲作は、神々が教えてくれた通りに繰り返してこそ豊作が約束される。人の努力はもちろん必要であるが、自然に左右される稲作りは、神々の恵みに期待しなければならなかった。稲作の原点には、日本の発展を期待する神々の意思が存在するのである。

○

さて、現代の正月である。農業人口は減少して、耕作放棄地が目立つのであるが、この原点を忘れてしまったら、日本は衰亡へと向かうのだろう。年長者からいただくお年玉は歳神の恵みであり、幸福を実現するもとなのだ。「良い年でありますように」という祈りは、時代を担う責任ある大人の痛切な祈りでもある。

平成二十五年は、出雲大社で六十年ぶりの遷宮が五月十日に行われた。伊勢神宮では十月に第六十二回式年遷宮が行われた。どちらも神殿が新しくなり、新しい御殿に神々が遷られる。遠い神代に大国主神から天照大御神に国土が譲られた。その条件は大社（おおやしろ）を造ることであった。古代の出雲大社は現代の社殿よりも大きかったという。平成十二年に出土した巨大柱（直径一・三五メートルの三本の柱を束ねて柱とした）がそれを証明した。

伊勢神宮では、持統天皇四年（六九〇）に第一回の式年遷宮が行われ、以後二十年に一度遷宮が行われてきた。中世戦乱期に一時中断されるも、近世に復活して今日に至る。

伊勢神宮も出雲大社も独自の歴史を重ねて現代に至った。時代時代の人の祈りが重なり、遷宮を繰り返して現代に至ったともいえる。まさに神代が現代に生きているのである。

そんな神代を実感する年の始めに際し、家の原点、先祖のことに思いをめぐらし、家族の幸福を祈り、「一年の計は元旦にあり」の諺の通り、今年の目標を神前に誓いたい。

二月　節分、春を迎える伝統行事

新春を迎えたはずなのに、二十四節気では寒の入りで小寒、大寒と続き一年で最も寒い時季である。凍てついた大地はあたかも眠りについたかのようである。北日本では永く雪に覆われる。関東以南の比較的温暖な地域でも霜柱が立ち、水面には氷が張る。

冬篭りで、すべてが活動を停止して静かに休んでいる。ふゆ（冬）の語源は、ふゆる（殖）との説があるが、大地のエネルギーが深い眠りの中で増殖し、春の活動の準備をしているかのようである。梅の蕾は硬く、落葉樹の新芽も産毛に覆われて、寒風に揺れている。

○

二月に入ると節分である。立春の前日が節分だ。本来は季節の変わり目をいうが、立春の前日のみが重んじられ、古く追儺の行事が行われてきた。今では「福はうち、鬼はそと」と唱えて、豆まきを行う。日本中の家庭で行われている年中行事である。

暦が中国からもたらされて、日本人は正月、立春など知ることとなるが、月の満ち欠けによる太陰暦と太陽の一回帰年をもとにした二十四節気で、一年の季節をあらわしてきた。新年の始まりは太陰暦で正月元旦になるが、太陽の動きを基準にした二十四節気では立春である。元旦と立春とが重なることもあるが、そうでないこともあった。「年のうちに春《はる》は来にけりひととせを去年《こぞ》とはいはむ今年《ことし》とやいはむ」（古今和歌集）とは、立春が元旦より先にきた戸惑いを示している。

明治以降は新暦が採用されたので、旧暦との間に約一カ月の差が生じることとなった。

新年は新暦で迎え、古来大切にされてきた節分・立春の行事も温存されたので、年越しが二回行われるようになった。大晦日は年越しで元旦を迎えるが、節分もまた年越し、年取りともいい、立春を迎えている。二回年越しを行って、誰も不思議に思わない。

○

節分の年越しは、それまでの汚れや厄災を祓い清めて、立春を迎えるという意識が強い。玄関にヒイラギの小枝に焼いた鰯の頭をつけて飾る。ヒイラギの葉には棘があり、鰯の頭は強い臭いを発する。これで邪気が家の中に入るのを防ぐのだ。夕刻になると、枡に炒った豆を準備して、豆まきをする。

幼稚園などでは虎のパンツをはき、面をつけた鬼に向かって、園児が豆を打ち「鬼はそと、鬼はそと」と大きな声で祓う。子供たちは鬼の面を作り、豆を家に持って帰り、家庭でも豆まきをする。多くの家庭では、家の豆まきを済ますと、神社にお参りして豆まきをするところが多い。この日、神社や寺院では厄除祈願の祈祷をするところが多い。また力士や著名人によって豆まきの儀式をするところも多い。

年取りであるから、自分の年の数だけ豆を食べたり、豆を入れた福茶を飲んだりする。

また近年では、恵方巻きという太巻き寿司を歳神のやってくる恵方《えほう》に向かって食べると、縁起がいいという。もとは関西地方の風習らしいが、今は東京でも普通に行われている。

大晦日に大祓をして、さらに節分にも豆まきをして、清新な春を迎えようというのだ。伝統の行事を重ねながら、春を待つのである。

◯

二月最初の午日が初午《はつうま》で、稲荷神社の祭礼が行われる。稲荷神社は全国に二千九百二十四社（神社本庁調査）あり、数の多い神社の一つである。小さな祠で屋敷神として祀られることも多く、とくに東京はその数が多い。その本社は京都伏見に鎮座する稲荷神社である。和銅四年（七一一）二月初午の日に稲荷山に鎮座したと伝えている。秦伊呂具《はたのいろぐ》という者が稲を栽培し富み栄えたが、餅を的にして矢を射ると白鳥になって飛翔し、山の峰に至って、稲が成ったので社名とした。子孫は先祖の過ちを悔い、熱心に祭りを続けたという。

秦氏は、秦《しん》の始皇帝につながる帰化人といわれている。日本に新しい技術をもたらし、殖産興業の担い手として活躍し、京都周辺の開発にも携わった。固有の神社信仰には渡来人も積極的に関わり、神社の歴史を創ってきたのである。

午は方角でいえば南を示し、色は赤を示して、朱の鳥居に象徴される。春の陽気を示して、万物生成に関わる。稲荷神社は、はじめ農業の神として信仰され、やがて商売繁盛の神として発展してくる。

〇

二月には国家祭祀である祈年祭が行われた。祈年祭は「としごいのまつり」と訓読みする。歳すなわち稲の稔りの豊作を祈る祭りである。全国の神社に国家から幣帛（絹織物などのお供えもの）を奉って、祈年祭は行われた。古代律令国家の祭祀であるが、中世に廃れてしまう。明治時代に復活し、現在は二月十七日に全国の神社で行われている。農作業が始まる前に、稲を中心とする五穀の豊穣を祈る祭りである。

こうして少しずつ暖かくなって行き、農作業が本格化してゆく。その前に幾重にも祓えが行われ、新春の行事が行われ、豊作の祈りが重ねられる。厄除などの祈願も農事暦に密接に関わっていることが理解できよう。

三月　雛祭、皇室に憧れる心

寒い日が続いているが、確実に春が近づいて来る。三寒四温《さんかんしおん》とは言い得て妙である。春《しゅん》寒料峭《かんりょうしょう》、肌を刺す寒さの中にも日増しに日射しは春めいてくる。庭に蕗のとうが芽を出し、土筆も顔を出す。梅の花はほころび、良い香りが漂ってくる。枝には、鶯やめじろが来てしきりに囀っている。

葉を落とした木々の枝先は産毛に覆われて硬い芽であったが、少しずつ膨らみを増し、日毎に色を変えてくる。冬の眠りからあらゆる物が目を覚ますようだ。

○

この時期に行われるのが、田起こしである。冬の間、眠っていた土を掘り起こし、肥料を撒き、地中に酸素を送ってやる。豊作を迎えるには土作りが肝心で、土をよく耕して、必要な肥料を入れ、空気を入れて水はけもよく、柔らかくしてやる。まさに田んぼを目覚めさせ起こしてやるのだ。最低でも十五〜二十センチは、掘り起こすのが理想といわれている。

トラクターできれいに田起こしされた春先の田園風景はことに美しい。昔はこれをすべて人力でやっていたのだ。鋤や鍬で十五センチも耕すのは重労働であった。牛馬を使って耕す鋤の発明は、大きな発展をもたらしたことだろう。今は大型のトラクターになり、これに合わせて田んぼも大きく整備されているところが多い。

昔ながらの棚田などはそういう訳にもいかず、大半が未だに多く人力での作業に頼らざるをえない。美しい風景を維持しているのは、厳しい労働でもあるのだ。私たちの生活が、風景を作ってきたことを忘れてはいけない。

◯

三月は桃節供、雛祭で、女児の成長を祝う。なぜこの時期に女児のお祝いをするのだろうか。女の子の生まれた家では、豪華な雛壇に内裏様、三人官女、五人囃子などの雛人形を飾り、桃の花を添え、草餅や甘酒を供える。春先のひときわ華やかな行事である。

雛祭は元来、上巳節供といい、五節供の一つで中国から伝来した行事である。中国で上巳に行われた禊祓の習俗が伝来して、宮中では御溝水《みかわみず》に盃を浮かべて曲水の宴が行われ、人形に罪穢・厄災を託して水に流すことが行われた。春を迎えるのに幾重にも祓えの行事を重ねていることはすでに述べた通りであるが、日本にも遥かな古代から伝統行事として禊祓の行事を行っていたのかもしれない。しかし草餅を供えることなど、漢籍の中にも見えるので、中国の影響を受けながら独自の行事として発展したのだろう。

今でも流し雛の風習があるところは、全国各地に残っている。鳥取県の千代川流域では、初節供に男女一対の流し雛を二組買い求めて雛壇に飾り、三月三日に一組を桟俵《さんだわら》に乗せて流す。翌年もう一組買い求めて、古いものを流すという。草餅は、よもぎを餅に搗き込んで作るが、春の息吹の象徴であり、桃の花は伸びゆく生命の象徴である。初節供に相応しいし、新春の喜びを姿形で表している。

○

禊祓をして春を迎える行事が現代の雛祭になってくるには、もう一つ大きな変化があった。元は形代であったものが、流されずに次第に豪華になり、毎年雛壇に飾られるようになった。人形に罪穢を託して流しやる風習が、長い歴史の中できれいな内裏雛に変化したのだ。我が国独自の変化発展があったというべきであろう。

内裏雛は、いうまでもなく天皇・皇后両陛下のお姿を象ったものだ。宮廷生活を模したものだ。このような雛人形が現れてくるのは、江戸時代に入ってからだといわれている。武家の子女の嫁入り道具の一つとして、豪華な雛人形が作られるようになり、やがて庶民にも普及していった。今ではなくてはならない年中行事であり、女児の成長を祝うのにまことに相応しい。

内裏様を飾る背景は、皇室に憧れ、皇室に理想のお姿を見る国民思想が形になったものである。山岡荘八は著書『明治天皇』の中で、「禁裏の生活は、地上にあってつねに地上の生活を超えた正しさ、超えた美しさをめざして、二千年の伝統とご修養を経て来ている」と語っている。常に日本国の中心にあって、国民の平安と五穀豊穣を祈られるお姿の中に、人としての理想のお姿を拝してきたのだ。

〇

女性は子供を産み、子孫繁栄もたらしてくれる。春先の豊作を祈る時に、その女児のお祝いをする。しかも長い歴史の中で、内裏雛を飾るようになる。常に正しく美しくある皇室のお姿のように、健康で立派な女性として育ってほしいとの願いがこもっている。日本固有の年中行事で、雛祭というところが面白い。

月末には彼岸を迎える。春の彼岸で、先祖の墓参りをする。本格的な春の訪れの前、農作業の忙しくなる前に先祖の墓参りをする。宮中では春分の日に春季皇霊祭、春季神殿祭が行われ、歴代皇霊と八百万の神々をまつる。秋分の日にも同様の祭りが行われる。明治期に整えられた祭りであるが、敬神崇祖の伝統の中から生まれてきたものである。

四月　花見、お花見の原点

桜前線が三月中旬から四月下旬にかけて日本列島を北上する。花の便りが待ち遠しく、春の陽気に誘われて、お花見に繰り出すことになる。桜の名所はどこも花見の宴をする人で一杯である。花といえば桜である。葉を落とした枝に芽吹きが始まる前に、桜色の花が一斉に咲き誇る姿は華やかで、春の到来を実感させてくれる。

山村を歩いていると、田んぼの中に土地の人に大事にされてきた桜の老木に出会うことがある。福島県の三春の滝桜などはその典型である。毎年、厳しい寒さが和らぎ、暖かい日が続くと、待ちかねたように満開になる。これから農作業が始まるわけで、まるで豊作の秋を象徴しているかのようである。

サクラの語源説に、稲作との関連で説くものがある。「サクラという名は穀神の宿る木をあらわしている。稲を植える月をサツキ（五月）といい、田植に必要な雨はサミダレ、田に植える苗はサナエ、植える女性はサオトメという。そうして田植えの終りをサノボリといって田の神の祭りをする。こうした言葉が明らかなように、サというのは稲の霊の名である。クラは、神座のことである。そのハナは稲の霊の現れとみられたのだ。冬ごもりの生活から春を迎えて、山のサクラの咲きぐあいを見て秋の稔りを占い、そのハナに稲の霊を迎えてきてまつり、田植をするのであった。サクラのハナの咲きぐあいは一大関心事だったから〈花見〉の民俗が伝わるのである」（桜井満『花の民俗学』）。このような解説に出会うと花の便りが気になり、桜の下での花見の宴は私たちの生活に深く根付いたものであることが分かるのである。

○

伊勢の神宮では、四月初旬に神田下種祭が行われる。苗代に種を蒔く祭りである。神宮ではこの祭りに先立って、田を耕す鍬の柄にする木を採る祭りをする。山口祭《やまぐちさい》といってまず山口で山の神をまつり、続いて木本祭《このもとさい》といって木本の神に伐採する旨を告げて許しを乞うのである。この祭りが済むと、神職たちは冠に山のマサキノカズラ（蔓草）をつけて、神田に向かい、種籾を蒔くのだ。稲を栽培することが神聖な神事であったことがよく分かる祭りだ。この時、種籾は忌種《ゆたね》と呼ばれる。忌鍬《ゆくわ》で耕された神田に忌種が下ろされる。二千年来続く神宮の祭りには、日本人の生活の原型がよく保存されている。

日本中の農家で行われる農作業も本来同様なものであった。形は違うが、苗代に種を下ろすにあたっては、一般に水口祭りが行われる。水口に土を盛って、木の枝を立て田の神を迎えて、焼米を供えて豊作を祈るのである。北関東の農家では、榛名山の榛名山神社の御札を受けてきて、水口に立てる。関西では熊野三山の牛王宝印などを折りたたんで、串に挟んで立てる。桜の開花はこうした農作業の開始の目安になるもので、古くは何らかの神事が行われたのだろう。その直会が花見の宴に変化していったと考えられる。

○

日本神話では、桜の神は「木花之佐久夜毘賣《このはなのさくやびめ》」という。山の神の娘である。皇室の祖神

「天津日高日子番能邇邇藝命《あまつひこひこほのににぎのみこと》」が高天原から天下り、高千穂峰に降り立ち、最初に結婚したのが木花之佐久夜毘賣である。桜に象徴される美しい女神と結婚したのだ。番能邇邇藝命は、天の太陽の子で稲穂が賑々しく稔ることを意味する神名である。その神が高千穂という稲穂を高く積み上げた峰に降りてきて、桜の女神と結ばれる。豊穣が約束されたようなものである。

一方で散りゆく桜は、儚い命の象徴でもある。実は木花之佐久夜毘賣には、石長比賣《いわながひめ》という姉があった。石は永遠の命を意味したが、石長比賣は醜かったので番能邇邇藝命は妹と結婚したのだという。人間の命が儚いのは、ここに由来するというのだ。花が散ることに、やはり不吉を感じていたのである。

○

千三百年前に制定された「神祇令」という法律の中に、「季春　鎮花祭」とある。季春とは旧暦三月のことで、この月に鎮花祭《はなしずめのまつり》を行うことを意味している。当時の政府の中で神祭を担当したのは神祇官という役所である。ここで三月には鎮花祭が行われたのだ。どんな祭りだったのか。当時の解説によれば「大神《おおみわ》・狭井《さい》の二の祭なり。春の花飛散する時に在て、疫神《やくじん》分散して癘《れい》を行う。その鎮遏《ちんあつ》の為に必ず此の祭有り、故に鎮花《はなしずめ》という」とある。

少し解説すると、大和国の大神神社と狭井神社で行われる祭りで、桜が散り飛散する時に、疫神が分散して流行病を流行らせる。それを止め鎮めるためにこの祭りを行うのである、ゆえに鎮花というのだ、ということである。この当時は、花が散ることに不吉なものを感じ、疫病の蔓延を恐れたのだ。当時、流行病は多くの人の命を簡単に奪ってしまう。また稲の病気も死活問題で、疫神が猛威をふるわないように、花が散るのを鎮めたようだ。奈良県の村々では大神・狭井神社だけでなく、多くの神社で今もこの祭りが行われている。花見の風習の原点には、豊作を祈る先祖の心が生きている。

五月 「田植え」という神事

花が散ると、新緑の季節を迎える。一斉に木々の芽吹きが始まると、里山は日一日と色を変えていく。萌黄色の世界だ。やがて風薫る若葉の季節を迎える。青葉、若葉が繁り合い風に揺れるさまは、新緑の香りを運んでくるような気がする。一年のうちで最も良い時節である。「夏も近づく八十八夜、野にも山にも若葉が繁り、あれに見えるは茶摘みじゃないか……」と歌われるように、茶の木の若葉を摘んで新茶ができる頃でもある。

立春から数えて八十八日目ということで、新暦五月二日頃にはもう霜が降りるような寒い日はなくなり、「八十八夜の別れ霜」という。古来、八十八夜は農作業の目安とされ、様々な種を蒔いたり、田植えを始めたりするところが多い。

○

五月五日は端午の節句、元来男子の誕生と健全な成長を祈る日である。現在は国民の祝日で「こどもの日」となっていて、男女とも子供の人権を守り、子供の幸福をはかり、母親に感謝する日とされている。しかし、男の子のお祝いという意識は強く、庭に鯉幟や吹き流しを立て、床の間には鎧兜《よろいかぶと》や武者人形、桃太郎人形などを飾る。

端午の節供は中国に由来する行事で、薬草を摘み、粽《ちまき》を食べたり、菖蒲酒を飲んで邪気を払う行事が行われた。平安時代の宮中でも天皇に菖蒲を乗せた机を献上する行事が行われている。軒端に菖蒲の葉を葺き、粽を食べ菖蒲湯に入る風はここに由来するわけだ。

菖蒲は尚武につながると、武家の時代になると男子の誕生と成長を祈る日となって行く。幟旗《のぼりばた》を立てるのは、旗指物に家紋を染めた幟を立てて、男子の誕生を祝った武家の風に由来する。武家の風をまねた庶民が、中国の黄河上流の激流である龍門を登った鯉は龍になるという伝説から、男の子の成長を祈って鯉幟《こいのぼり》を立てるようになり、現在の年中行事として定着したものだ。

端午の節供といえば、菖蒲湯と柏餅である。菖蒲は血行促進、鎮痛作用のある薬草でもあり、その若草は芳香が有り、心を鎮めてくれる。中国に由来するが、日本にもよく定着している。柏餅は、粽とは違って日本生まれのお菓子である。柏の葉は、古来神聖なものとされ、神へのお供えを乗せる食器として利用された。膳夫《かしわで》といえば、古くは食膳のことを掌るものを意味した。柏の葉で包んだ餅を食べる風は、日本古来の伝統の中から生まれてきたと考えられる。

○

さて、五月「さつき」は田植え月である。かつて田植えは神事でもあった。田の神を祭り、豊作を祈る行事だった。中国山地には大田植え、花田植えなどと呼ばれる大掛かりな田植え行事が行われていた。大田、本田、門田と呼ばれる代表の田んぼに集落総出で田植えを行うものである。美しく着飾った代掻き牛を何頭も田に入れて代掻きを行い、土を均した後で、着飾った早乙女が何十人も出て、田植歌に合わせて田植えをする。

田植唄は「まず田の神サンバイを迎える歌を歌い、ついで田の神の仕え女であったオナリを迎え称える歌を歌う。やがて農の神・水の神と仰ぐ伯耆大山の神を称える歌、さらに源平合戦の歌など、歴史上の物語からとった歌などを歌い、昼飯をすませ、夕方になるとオナリを送る歌、そして最後にはサンバイを送る歌を歌って終る」（『年中行事大辞典』）という。囃子・歌に合わせて所作も巧みに田植えを行うさまは、神と人とが楽しく遊ぶ姿で、重労働ではあるが、日本人の働くことへの心のあり方、労働観をよく示している。

田植えをするのは必ず早乙女で、田の神への奉仕者であったという。田植えが終わるとサノボリという宴会をする。田の神を送る行事という。各地の神社に御田植神事が行われるのを見るにつけ、田作りは元々神事だったと思うのである。

○

伊勢神宮の御田植初では神事の後、早乙女による田植えが行われ、すっかり植え終わると、恵比寿・大国の絵を書いた大団扇を持って、田植えが終わったばかりの神田の上を害虫がつかないよう払う所作をする。さらに神田に入って、大団扇を合わせながら、三回めぐる。団扇を合わせるのは、男女の交わりを象徴的に意味するという。実を結び豊作を迎えられるようにという祈りである。しかもその後で、奉仕者は近くの大土《おおつち》御《み》祖神社《おやじんじゃ》に行き、田舞をする。稲作りの過程をやってみせるのだ。「ハエヤーハエハエ」と囃しながら舞う。ここに稲の成長を一心に祈る姿を見ることができる。

田楽、田遊び、御田祭りなど名称は様々であるが、神事として稲を耕作する過程をすべて行うところもある。また男女の交合を面白おかしく所作してみせる芸能を伝えている地域も多くある。豊穣の秋を迎えることが人々の切実な祈りであり、こうした行為を行うことで確実に実を結び、豊作の秋を迎えられると考えたのだ。最初は十二センチ位の苗三、四本で頼りなく見えたが、二十日も経つとどんどん株別れが進んで、しっかりとした株に成長する。初夏の暖かさが早苗の成長を支えているのだ。

六月　大祓、梅雨を乗り越える知恵

初夏の暑い日差しにそろそろ慣れたと思う頃、梅雨入りになる。青い梅の実が若葉の中に大きく育っている。梅の収穫期でもある。しとしとと雨が続き、湿気が多く、鬱陶しい日が続くことになる。日照不足で気温が上がらず梅雨冷えの日があったかと思うと、梅雨の晴れ間には急に気温が上がり、湿度が高く不快指数が上がり体調を崩しやすい。この時期、雨に濡れた紫陽花はことに美しい。

早苗は株別れして、たくましく育ってくる。最初、水田の水はかよわい苗を支え、寒さや風には水嵩を増して保護してやり、水の調整が苗の成長を支える鍵である。二十株前後に育ち、株別れが終わるまでおよそ六十日かかる。そうなると稲は水をあまり必要としなくなる。天候に合わせて細かな水管理が稲の生育には欠かせない。また雑草もぐんぐんと伸びてくるので、こまめに何度も抜いてやらなければならない。長時間腰をかがめて行う重労働だ。新しい根が伸びて、肥料分をよく吸収するように、株と株との間を耕してもやる。米作りに梅雨の季節は最も大切な時期である。

○

東京では六月十五日に赤坂日枝神社の例祭が行われる。神仏習合時代は日吉山王権現社といったので、山王祭と呼ばれている。元来、山王社は江戸城の中にあり、徳川家康が入部の際に産土神として崇め、数度の遷座を繰り返して現在地に鎮座した。三代将軍徳川家光の時に城内の櫓から祭礼行列を見物して以降、将軍の上覧を得るのが恒例となった。隔年で神田明神の神田祭（九月十五日、現在は五月十五日）とともに祭礼行列が城内に入ることが許され、天下祭と称された。江戸時代には最も規模が大きく有名な祭礼であった。

日枝神社は近江の大津市坂本に鎮座する日吉大社が本社であるが、こちらの例祭である日吉祭は四月十四日の神輿渡御を中心にする祭礼で、農作業の始まる前に山から神霊を迎えて、豊作を祈願するという古風豊かな祭りである。赤坂の日枝神社も坂本の日吉大社を本社とするが、いつしか祭日は六月十五日となり、天下祭となったので、こちらの方が有名になってしまった。

○

六月十五日に祭日が変化していった背景には、江戸の街並みの発展が大きく関わっているのではないだろうか。徳川幕府が開かれると江戸の街は急速に発展する。明暦の大火（一六五七）以降、一定の都市計画に基づき街創りが進められ、延宝年間（一六七〇年代）には、御城を中心に北は千住から、南は品川まで街並みが続く「大江戸」の原型が完成したという。

旧暦六月十五日は、現在の七月下旬で京都の祇園祭が行われる。疫病退散を祈る祭りである。江戸の街は京都を凌ぐ大都市に発展して、疫病の流行は最も恐れられた。梅雨の語源は、中国で「黴雨《ばいう》」と言ったところに由来し、黴《かび》の文字でなく梅を用いるようになったのだという。ものが腐りやすく、油断をすると疫病の大流行を引き起こす。悪さをする疫神を祓い、平穏を祈る祭礼が江戸の町民に受け入れられたと考えられる。明治の改暦以降、新暦の六月十五日を祭日として、鳳輦二基、宮神輿一基、山車三基を中心に総勢五百人にもおよぶ神幸行列は日本三大祭の一つに数えられている。

○

六月三十日には大祓が行われる。夏越の大祓である。

「大ばらへといふは、百官ことごとく朱雀門にあつまりて、祓をし侍るなり。六月十二月二たびあり。天武天皇の御時より始まる。解除は触穢などの時もあり。神事を行ふ時は、臨時にも常にもあれども、この大祓は百官一同にあつまりて、祓をするなり。またけふは家々に輪をこゆる事あり。みな月のなごしの祓する人は、千年のいのちのぶといふなり。此の歌をとのふるとぞ申し傳へ侍る」(『公事根源』)

奈良平安の昔には、国の役人のことごとくが大内裏《だいだいり》の正門である朱雀門《すざくもん》前に集合して、大祓を行っている。残念なことに、この国家行事としての大祓は応仁の乱以降、廃絶してしまう。ただ『公事根源』が著された室町時代には、家々にて輪を越える行事を行い、みな月のなごしの祓する人は……の和歌を唱えることを伝えている。民間では茅《ち》の輪《わ》を作り、これを越えたり、くぐったりする大祓が当時行われていたのである。

今日、全国の神社で行われる夏越大祓は、国家行事としての大祓は廃絶しても、民間の根強い伝統の中に継続されてきた。旧暦では夏の終わりに大祓をして罪穢を祓って、残り半年の平穏を祈ったのである。新暦の六月晦日は梅雨の真っ盛りで、罪穢を祓い、鬱陶しい季節を乗りこえる節目の行事として定着している。

長雨が続き、気温の変化が大きく、時には予想を超える大雨となり災害を起こしたり、逆に空梅雨で水不足になるなど、少しの変化が大きく米作りに作用する。私たちは、しばしば天候の良し悪しを挨拶代わりにするが、これはきめ細かい米作りの中で培われてきた伝統なのであろう。

七月　祇園祭、夏祭りの起源

毎年のことながら梅雨前線の停滞と台風や低気圧の接近によって、集中豪雨に襲われて河川の氾濫、土砂崩れなどが起こり、各地に大きな災害をもたらす。もしも山が森林に覆われていなかったなら、被害は計り知れない。火山列島の岩の多い山岳に植林を続けてきた先祖のお陰で、この程度の被害で済んでいるともいえる。日本神話では素戔嗚命が植林の神として仰がれていて、日本中に木種を播いたとされる。それにしても災害の多い日本列島であることを思い知らされる季節でもある。

梅雨の中休みには、暑い夏の日差しが照りつけて、真夏の到来を実感することになる。

たっぷり水を含んだ山並みから流れ出る冷たい清流と暑い日差しが美味しいお米を育てる。日本中どこでもお国自慢の美味しいお米ということになる。この頃の田んぼは水面がもう見えないほど稲が成長してくる。一面の青田に雨が降り注ぎ、強い日差しが照りつける。

○

梅雨明けの頃、京都・八坂神社の祇園祭《ぎおんまつり》が行われる。旧暦六月十五日を中心とする祭礼で、改暦以降七月の祭礼となっている。日本中の夏祭りの原点ともいえる祭礼である。八坂神社は明治維新まで祇園社・祇園感神院と呼ばれてきた神仏習合の社であった。祭神は牛頭天王《ごずてんのう》（素戔嗚命）、婆利女《はりめ》（稲田比売命）、八王子《はちおうじ》（八柱御子神）であり、牛頭天王をまつるところから天王社とも呼ばれた。明治以降は八坂郷の地名から八坂神社と改称した。

祇園祭の起源は平安時代に行われた御霊会《ごりょうえ》にあるとされる。御霊会は疫神がたびたび流行したので、これを鎮めるために行われた。御霊すなわち神霊の祟によって、災害や疫病が流行ると考えられたので、その荒々しい霊を鎮め和めるために行われた。

祭礼の形態は御旅所に神輿がお出ましになり、市中を巡行し、また本社に還幸する。有名な山鉾《やまほこ》の巡行は、御旅所に神輿を迎えるための神迎えの行事である。古くからの祭礼形態を受け継ぐものである。神幸の行列に加わる田楽や騎馬の列は当初から有名であったようで、都市の祭礼の賑わいを存分に含んでいた。

祇園祭といえば、山鉾巡行である。絢爛豪華な山車や鉾がコンコンチキチキの祇園囃の音色に乗せて、市中を曳き巡らされる。室町時代の記録では五十八基の山鉾が出されたという。現在の倍の数である。鉾はお祓いの意味があり、山には松などの神木が立てられ、山の神霊を象徴的に表している。神迎えの行事といわれる由縁である。

○

現在の祇園祭の概要を説明してみよう。七月十日神輿洗と称し、鴨川の水で神輿が清められる。十六日神社では宵宮祭が行なわれ、神霊が神輿に遷される。十七日朝には各町内から鉾・山車が曳き出され巡行が始まる。先頭は長刀鉾《なぎなたぼこ》と古来決まっている。現在は二十三基の山鉾が参加し、籤《くじ》で巡行の順を決める。祇園祭の最も華やかで有名なところである。

午後四時、神社から神輿が出発し、氏子区域を昇れて御旅所に向かう。神輿はこの日から二十四日まで御旅所に留まり、二十四日に還幸する。昭和四十年まではこの日にも山鉾の巡行を行っていたが、今は十七日のみである。二十八日再び神輿洗を行い、神輿を清めて、神輿庫に納められる。

祭りの原点には古い信仰の流れが息づいている。山鉾の巡行は、京都町衆の氏子の人々の祭りに寄せる思い、神々を迎える喜びを基にして、創りあげてきたのである。いつしか祇園祭は祭りの代表と思われるようにもなり、日本各地に伝播することになる。私たち日本人にとって災害や疫病の起こりやすい梅雨の季節を乗り切り、猛暑の夏を無事に過ごすことは古来、切実な願いであったためである。とくに人口密集地の都市部においては切実であった。

○

梅雨が明けると夏の土用である。梅雨明けの十日といわれるように、一般に晴天が続き、夏の太陽がギラギラと照りつけ、酷暑が続くことになる。土用の丑の日には、うなぎの蒲焼を食べて滋養をつけ、無病息災で厳しい暑さを乗り越えたいと願う。ちなみにうなぎの蒲焼を食べるようになったのは、江戸時代中期だということである。土用餅という力餅を搗いて食べる風もあるから、この時期に精をつけたいと願う心は古くからのことだ。

土用干しといい、衣類や書画の虫干しをする。つい先日まで湿気が多く黴が生えていたので、風を通すのである。大切な衣類や家宝を長持ちさせる工夫である。この時期に社寺では、虫干しに合わせて宝物を公開してくれるところもある。

全国の小中学校は夏休みに入る。子供たちには一番楽しい季節でもある。川遊びや海水浴の楽しい思い出は誰もが持っている。子供たちは学校生活では経験できない貴重な時間を過ごすことになる。

炎天下での労働は身体をこわしかねないので、お百姓さんは朝夕の涼しい時間帯に仕事を済ませ、昼間は身体をゆっくりと休ませる。しかし水田の水の管理には息を抜けない。稲は強い日差しを受けて成熟してゆく。

八月　旧盆、先祖とともに生きる日本人

八月になると各地で花火大会などが行われ、暑い夏を楽しむ行事が目白押しである。八月に入るとまもなく立秋で、夕方には涼しい風が立ち、しのぎやすくなる。炎暑・酷暑の

夏も峠を越したようである。この時期、東北の各地では短い夏を惜しむかのように仙台七夕祭、青森ねぶた祭、秋田竿燈祭などが行われる。

○

七夕は七月七日の行事で、中国から伝来した星祭である。星空が綺麗に見える月遅れの八月七日を中心に行うところが多い。短冊に願いごとを書き、青竹に付けて庭に立てる。天の河を挟んだ牽牛・織女の二つの星が一年に一度の逢瀬を楽しむといい、とくに裁縫・手習いの上達などを祈った。里芋の葉に溜まった朝露を集めて墨をするといいなどといい、その竹は翌日には川に流した。仙台の七夕祭は飾り付けの豪華さを競い、一層人々の関心が高まり、多くの見物客を集めることとなった。独自の発展があったが、青森のねぶた、秋田の竿燈も元々は古来の禊行事などを伴った七夕行事に由来する。中国伝来の行事として七夕を楽しんでいるが、一方で日本古来の伝統行事としての側面もある。

関東各地では七夕馬というマコモ馬を作り、短冊を付けた笹竹の近くに吊るす。五十センチから一メートルくらいの馬で、雌雄一対向かい合わせに吊るすのである。これは精霊の乗物といい、先祖が帰ってくる盆行事との関連が濃い。千葉県下では子供たちがこの馬を引き、先祖を迎えに行く風があり、送り盆が済むと、あの世との境と見立てられた道の辻に廃棄されるという。先祖を迎える準備の時であり、禊をして先祖を迎える支度を整える意味があった。

青森ねぶた祭や秋田竿燈祭の起源には、ねぶり提灯を川に流す「ねぶりながし」の風があり、暑い夏の労働を妨げる睡魔を流す行事であると説明がされる。しかしもっと源流には先祖の霊を迎えるために、川で禊をして祓い清める意味があった。七夕の朝、禊をする風は日本各地に見られ、笹竹を川に流すのも一般的である。

○

七夕が済むと月遅れの盆である。八月十三日で迎え盆、十六日を送り盆とするところが一般的で、この期間は先祖の霊を家に迎えて楽しい時を過ごす。この時期は一斉に帰省する人が多く、毎年帰省渋滞などがニュースになる。盆には精霊棚、盆棚を設ける。日常先祖の御霊をまつる仏壇ではなく、その前や縁側などに特別な棚を作る。棚の四隅に青竹を立て、その上部に注連縄を張り、切り紙やホウズキをつける。棚の上にはマコモの茣蓙を敷き、先祖の位牌を並べる。またナスやキュウリの馬を供える。

盆棚には盆花といってミソハギ、キキョウ、ハギ、オミナエシなどその土地で決まった草花を供える。あらかじめ山に入って切ってきたり、市で買ってきたりする。これを盆花迎えという。準備が調うと十三日の夕方、迎え盆、精霊迎えをする。お風呂に入り、新しい下着に着替え、浴衣姿で、家族揃って先祖を迎える。心がウキウキして、誰もが子供の頃の懐かしい思い出があるのではないだろうか。私もまだ若かった祖父や祖母、父母とともに提灯を持って迎えたことをついこの間のことのように思い出す。玄関先で迎え火を焚き、先祖を迎える家も多いことだろう。

先祖の御霊を迎え、盆棚に灯明を灯して、季節の野菜、西瓜などをお供えして、おはぎ、てんぷらなども供える。その前に大きなテーブルを出して、皆で御馳走をいただく。翌日からは朝晩決められた膳を主婦が料理してお供えする。親戚の人がお土産を持ってお祝いにやってきて、盆棚を拝んでいく。学校の校庭や地域の広場で盆踊りなども行われる。全国的に有名な盆踊りに盛岡のさんさ踊り、越中富山のおわら風の盆、郡上八幡の郡上踊り、阿波徳島の阿波踊りなどがあり、先祖の供養をするとともに、先祖の霊とともに遊び楽しんでいる。

○

ポルトガルの海軍士官で、後に在神戸ポルトガル国領事を務めたモラエスは、大正時代の阿波踊りの様子を次のように表現している。「十三日は人々は愛する死者の霊とともに家で静かに過ごします。あの世に移り住んだ自分の友人や自分の親族が自分のかたわらにいることを誰もが意識して、過去の事柄がどれほどたくさんその時思い出されることでしょう！……家庭の祭壇である「ぶつだん」（仏壇）は飾り立てられ、灯明や花が、また、尊い客人が召しあがる少量の珍しい食物がかたわらに並びます」（『徳島の盆踊り』）

先祖の霊と生きている者達がどんなに親密に交流しているか、外国人のモラエスには珍しく感じられたのであろう。この後に盆踊りの記述が続くわけであるが、その前のしめやかな先祖祭りの様子が伝わってくる。

盆が過ぎれば精霊送り、送り盆が行われる。ナスやキュウリの馬で送るのが一般的だが、精霊舟で送ったりもする。この頃、田んぼで稲は稲穂を作り始め、やがて出穂の時期を迎える。忙しい秋の農繁期を迎える前の束の間に、先祖が帰ってくる。正月行事とよく似た点が多くあり、日本人の二大行事である。神々や先祖の霊とともに生きている日本人の原点が生きているといってよいのではないだろうか。

九月　十五夜、名月を愛でる心

九月の声を聞くととみに涼しい風が立ってくる。旧盆は八月十五日の終戦記念日とも重なり、暑い日差しと蝉時雨がすでに遠い日のような錯覚に陥る。先祖の御霊が帰ってきて、家族ともどども楽しい時を過ごしたのはつい先日のことだった。普段は家を離れている子供たちも帰省し、盆踊り、花火、川遊びなどに打ち興じ、笑い声が絶えなかった。送り火を焚いて先祖の霊を送ってしまうと、寂しさも一層際立ってくる。

この時季、田んぼの稲の生育にとっては大事な時期だ。稲の花が咲き受粉するのだ。開花時間はたったの二時間。稲穂の先から開花が始まり七日間位ですべて咲き終わる。わずかな時間に受粉が行われ、新しい生命が宿り実を結ぶ。神秘の時である。この間に荒れた天候になったり、台風が襲来したりすると大変なことになる。だから二百十日の前後にカザマツリや風鎮祭をするところが多い。神事を行い、一日仕事を休んで、慎みの日を送るのだ。祈り慎んでいる以外に方法はない。無事にこの期間をやり過ごして、風雨順行すれば約一カ月後には豊作の秋を迎えることができる。

やがて秋の彼岸を迎える。田んぼの畦には沢山の彼岸花が咲いている。葉はなく茎が三十センチほど伸びて、花は不気味なくらい赤々と咲き誇る。先祖をまつる行事と重なり、あの世の花のような気がしてくる。曼殊沙華という優雅な名前がある一方、シビトバナとも呼ばれる。田の面は少しずつ黄金色に色付き始める。秋分日（彼岸の中日）を中心に七日間が彼岸であるが、団子やおはぎなどを作り、この間に必ず家族そろって墓参りをする。親戚同士で仏壇へのお参りをする風も根強く残っている。

彼岸は生死の境を渡った向こう岸、ほとけさま（先祖）の国を意味する。古くこの期間に彼岸会という仏事が行われたことに由来する。民間では寺参り、墓参りの風が一般化した。でもなぜこの時季に彼岸会が行われたのか。古くからの先祖祭りの日の伝統上に、花咲いた仏事といってよいのかもしれない。

ふとお墓の周りを眺めると、萩《はぎ》、薄《すすき》、藤袴《ふじばかま》、女郎花《おみなえし》などの秋の七草が生い茂っている。この頃、旧暦八月十五日の十五夜も廻ってくる。彼岸を過ぎると朝夕めっきり涼しくなる。

空は高く澄み、夜空に月が冴えてくる。縁側に机を置き、薄や萩などの秋の草花を飾り、十五個の団子、里芋、柿、栗などを供える。お月見である。

この日、子供たちはお供えの団子などを盗んで食べてもよい、とする地方が多い。何人かでグループを作り、家の人に知られないように取るのだ。普段やってはいけないことを、この日ばかりは公認でできるのだ。筆者にも経験があるが楽しい思い出である。田舎の人にとっては十五夜はお月様を愛でるというよりも、お月さまに畠作物の収穫を感謝する祭りという色合いが濃い。子供たちが盗み食いをしてもよいとするのは、目に見えない神が食べたとするのであろう。

月神は、日本神話では月読命という。月齢を数えて暦とした先祖の生活が浮かび上がる神である。「よむ」とは数える意である。その月に私たちは手を合わせて拝む。身近な存在なのだ。古代世界では世界中の民族に見られた姿でもある。

ところがキリスト教では自然崇拝を認めないため、月は危害を与えるものとされた。英語で lunatic あるいは moonstruck といえば狂気に通じる意味である。月のイメージは決してよいものではない。満月の夜は精神錯乱がより一層ひどくなるとも信じられた。ルナはラテン語で月の女神であり、世界を生み出す創造女神でもある。古代世界では多くの民族が太陽神とともに崇拝していた偉大な神であった。

十五夜は別名、芋名月という。里芋の収穫期とも重なり、稲作が普及する前の古い畠作物の収穫祭の名残りとする説もある。旧暦九月十三日は十三夜、豆名月といい、またお月見をする。やはり薄や団子を供えてお祭りするのだ。この時季の月は一年のうちで最も美しい。

日本では月の中で兎が餅搗きをしていると子供たちに説明する。兎は生命力が旺盛で、繁殖力が強く、多くの子供を生む。豊穣の象徴でもある。満ちては欠ける月の姿に永遠の命、不死を見てもいる。

多くの日本人は月読神を知らなくても、お月見はする。いまでも薄に団子を供える。月に秋の稔りを感謝している。冴え渡る月の光に、清らかに澄む心のあり方まで重ねて、そうありたいと願う。月に宇宙船が飛ぶ時代であるが、いまでも神聖で神秘な存在だ。暮しの中に生きている月の姿である。

十月　神嘗祭、伊勢神宮最大の祭り

食物《たべもの》の語源は「たまいもの」（賜物）という。日本中の家庭で食前に「いただきます」というが、実はこの一言のうちに日本人の歴史、先祖の歴史が詰まっている。その日本人の生活の原型を伝えているのが、伊勢神宮の神嘗祭である。この神嘗祭について考えてみたい。

○

「暑さ寒さも彼岸まで」との諺通り、十月に入ると朝晩冷えを感じるようになる。いつの間にか、虫の音は賑やかな合唱を繰り広げている。秋の日は釣瓶落しというように、日の暮れるのが早くなり、夜長の季節となる。田んぼは一面黄金色に染まっている。稲刈り、刈り入れの時季である。春の田起こしから始まった農作業、厳しい労働を積み重ねた末に、風雨に恵まれて、無事に秋の稔りを迎えられた喜びは一入である。

今は大型コンバインで稲刈りをし、人工乾燥させて、脱穀して、すぐに新米が店頭に並ぶことになる。少し前までは刈り取った稲穂は田の中の稲架《はざ》に掛けたり、稲積みにしたりして自然乾燥させていた。新しい稲藁のにおいとともに、豊かな秋の光景で、郷愁を誘う。小泉八雲が採録紹介した昔話「稲むらの火」は、そんな大事な稲むらに火をかけて津波到来を知らせ、村人の命を救った話である。

○

伊勢の神宮では十月十七日を中心に神嘗祭が行われる。神宮は約二千年前、十一代垂仁天皇の皇女倭姫命によって、伊勢の五十鈴川の川上にまつられた。天照大御神を祭神とする。日本神話の中で天照大御神は皇室の祖神とされ、世の中の秩序を根源的に支える神であり、私たちに稲を与えてくれた神として描かれている。八百万神の中で最も貴い神として位置付けられ、現実の日本人の信仰においても、最高至貴の神として崇敬されている。

国土開拓を進められた大国主命からの国譲りを受けて、天照大御神は孫の若い日子番能《ひこほの》邇邇藝命《ににぎのみこと》を高天原から、地上の葦原中国に降臨させる。「ひこ」は太陽の子、「ほ」は稲穂、「ににぎ」は盛んな様子を示す。稲がたくさん稔るさまを表す若神が天から降ってきて葦原中国、私たちの国を治めることとなったという。

天孫降臨に当たり、天照大御神は邇邇藝命に鏡を与えて、自分と思い祭るように詔《みことのり》され、さらに稲穂を与えられて、永遠の発展を祝福された。そこで邇邇藝命は日向国高千穂峰に天下り、地上の生活を始められた。高千穂とは稲穂を高々と積み上げた「稲むら」のことだ。地名の背後には、神話世界と先祖の経験が隠れている。

それから三代を経て神武天皇が誕生、日向国から東征し、大和国橿原に都を定めて建国し、初代天皇として即位された。以来、万世一系現代の今上天皇へとつながってくる。神話から歴史へと途切れることがないのが、日本の古伝承の大きな特徴である。

○

さて、神嘗祭は神宮の最も重要な祭りである。神宮では四十代天武天皇の時に式年遷宮の制度が立てられて、二十年に一度社殿・装束神宝の一切を造替し、新しい社殿に神々に遷っていただく。持統天皇四年（六九〇）に第一回式年遷宮が行われ、戦国期に百二十年余中断されるが、その後復活して平成二十五年十月に第六十二回目を迎えた。

この式年遷宮は、毎年行われる神嘗祭の直前に行われてきた。つまり神嘗祭をつつがなく行うために二十年に一度、式年遷宮を行ってきたのだ。

神宮ではこの神嘗祭を行うため、いくつかの付属祭が行われている。かつて倭姫命が五十鈴川のほとりに定められたとする神田で、四月に神田下種祭が行われる。五月上旬に御田植初が行われ、早乙女が早苗を神田に植える。田植えが終わると、九月初旬には抜穂祭が行われ、刈り取られた稲穂は御稲御倉《みしねのみくら》に保管され、神嘗祭の御料とされる。つまり神嘗祭を行うために実際の稲を作っていて、稲作りが神事であることがよく分かる。

天照大御神を祀る内宮では十月十六日午後十時、神前に夕《ゆうべ》の由貴大御饌《ゆきのおおみけ》が奉られ、引き続き十七日午前二時に朝《あした》の由貴大御饌が奉られ、豊作に感謝の祈りを捧げる。さらに正午、天皇陛下の遣いである勅使が神前に幣帛《みてぐら》を捧げて、国家安泰を祈り五穀豊穣に感謝される。

豊受大神を祀る外宮でも同様の祭りが、内宮よりも一日早く行われる。由貴大御饌とは新穀で調理された御飯、神酒を中心とする神聖で清らかな御馳走の意味で、夕と朝の二度食事を差し上げる。その後、勅使が幣帛すなわち五色絹などを捧げて、豊作感謝と天下の安泰を祈られる。これが神嘗祭の実際である。

◯

収穫後、すぐに神嘗祭ができるのは、神宮には当初から専任の神職が置かれてきたからだ。稲を授けてくれた神にいち早く感謝を捧げることは、当然でもある。神話が伝える原点を、伊勢神宮では毎年行われる神嘗祭を通じて、忘れずに行い伝えられてきていることを、今更ながら有り難いことと拝するのである。

十一月　新嘗祭、宮中の収穫感謝の伝統

秋も深まり、冬を迎える頃になると、農作業は一段落する。稲刈りが済んでもすぐに収穫感謝の祭りはできない。たくさんの農作業があり、年を越すための冬支度もしなければならない。祭りの準備と清めの期間も必要である。木枯らしが吹き、真っ赤に染まっていた木々の葉がすっかり落ちてしまう頃になると日暮れは早く、夕方四時過ぎにはもう暗くなる。作業をする時間も限られている。北国では雪の季節を迎える。この時季に全国で霜月祭と呼ばれる収穫感謝の祭りが行われる。

○

霜月は旧暦十一月のことだが、現在は十一月から十二月頃にかけて行われる収穫感謝の

祭りを霜月祭と呼んでいる。奥能登に伝わるアエノコト（饗の事）は十二月四・五日頃、地元の農家では田の神様を自宅に招いて、秋の稔りに感謝する祭りを行う。国の重要無形民俗文化財に指定されていて、各家により少しずつ儀式のやり方が異なるが、おおむね家の奥座敷に種籾《たねもみ》の俵を据えて神座とする。その前に二股大根《ふたまただいこん》を二つ、箸二膳を供える。田の神様は夫婦二神と考えられていて、目が不自由ともいう。

その後、家の当主が紋付袴の正装で苗代田に田の神を迎えに行き、家に迎える。家族全員で出迎える中、炉辺で休息した後風呂に案内して入浴してもらったら、座敷の祭壇に休んでいただく。その後で真心込めて料理したお膳をお供えする。小豆飯、魚、大根、里芋など二膳を種籾俵の前に供え、甘酒の入った徳利二本を捧げて、主人は膳の内容を一つ一つ丁寧に説明する。およそ一時間後、田の神様が食べ終わられたとみて、お下がりとして家族で膳のものをいただく。

田の神様はそのまま家の神棚で年を越すと考えられていて、翌年二月九日頃に再びアエノコトを行い、田の神様を水田に送り出す。神様の姿は目に見えないので主人は終始一人芝居のように、田の神様に呼びかけ語りかけながら行事を進めていく。

静岡県天竜川の上流の地域では霜月神楽《しもつきかぐら》が行われる。三河、遠江、信濃三国の国境が接する山国である。花祭《はなまつり》、お清め祭、冬祭、雪祭《ゆきまつり》などとも呼ばれている。各集落により祭日は異なるが、十一月下旬から十二月中旬にかけて行われる。祭場は神社で行われるところが多いが、民家や公民館の場合もある。

舞人は何日も前から天竜川の清流で禊を行い、身を清める。祭場の中央に釜戸を設け、これに大釜をかけてお湯を焚き、この周囲で神楽を一晩中舞うものである。まず神を迎える儀式、子供、壮年者、老人など様々な神楽舞が夜を徹して舞われ、夜明け頃に神送りの儀式を行い、祭りが果てる。神と人とが一体となり神遊びを楽しみ、秋の収穫に感謝し、来年の豊作を祈る祭りである。厳しい山村の生活の中で、この祭りを行うことで生きる活力をいただいている村人の姿を見ることができる。

比較的有名な二つの祭りを紹介したが、この時季の収穫感謝の神事は全国にみられる。こうした民俗信仰を下敷きにして、今日では十一月二十三日に全国の神社にて新嘗祭が行われている。

○

次に宮中の新嘗祭を紹介しよう。天皇陛下が行われる新嘗祭である。古くは旧暦十一月下の卯日に行われた。現在は十一月二十三日に行われる。場所は宮中の神嘉殿《しんかでん》、当日午後ここに神座を設ける。八重畳を敷き、羽二重袷仕立ての御衾を掛け、坂枕を置く。神のお休みになる寝座の構えである。その隣に伊勢神宮の方角に半帖の神座とそれに向かって天皇の御座とが設けられる。

夕刻午後六時に天皇は純白の御祭服《ごさいふく》を召されて神嘉殿に臨み、皇太子殿下も斎服を召されて神嘉殿の隔殿に控えられる。天皇が神嘉殿に就かれると、祭具、神饌を持った采女・掌典の人たちが膳舎《かしわしや》から神饌行立《しんせんぎょうりゅう》を行う。神饌を天皇の手元にお運びするのである。

天皇は御座に就かれ、采女の介助を得て、まずお手水で清め、食膳となる神食薦《かみのすごも》を敷き、その上に竹の御箸をもって、枚手《ひらで》に古来の定め通りに盛り付けられお供えされる。御親供は約一時間半におよぶという。終わって御告文《おつげぶみ》を奏され、御直会《おなおらい》が行われる。神人共食されるわけである。これを夕の儀《ゆうべ》といい、終了時刻は午後八時頃である。まったく同じ所作を午後十一時頃から暁《あかつき》の儀として行い、二十四日の午前一時過ぎにおよぶという。

十二月　煤払い、年末のならわしの意義

冬枯れの田園風景は美しい。春には満々と水を湛えていた水田が、稲刈りの時には乾田となり堅くしまっている。稲を刈り取られた後には、稲株が整然と筋をなしている。木枯らしが吹き始めるとさらに田は乾燥し、畦の枯れ草と切株ばかりの光景となる。あるいは麦が播かれて、その畝が長く続く。遠くには山並みが青く霞んでいる。北国は一面の雪景色である。毎年豊かな生産をもたらしてくれる大地が冬籠りに入ったのである。

〇

この自然の冬籠りの時季に暦の上では新しい年、正月を迎える。師走はその準備に忙しい。十二月の異名、師走は謹厳な師匠をも走らせるといい、年の瀬の慌ただしい様子をさらに強く感じさせる。

正月さまごーざった

どこまでごーざった
神田までごーざった
ゆずりはに乗って
ゆずりゆずりごーざった

わらべ歌、正月さまの歌詞は、地方によって地名や内容に少し違いがあるが、遠くからやって来られる正月さま、歳神を待ち望む子供たちの気持ちがよく現れている。大人たちは残された時間の中で、歳神を迎える準備に余念がない。「ゆずりは」は、お供えの餅の下に敷く常緑の葉のことで、この葉は春に新しい芽が出て、葉がすっかり成長すると、その成長を見届けるように前年の葉が落ちる。順序良く家が継承される祈りが込められている。いうまでもないが歳神のトシとは、私たちの主食である稲のことで、新しい年の豊作をもたらしてくれる福神である。この神を迎えることで、日本人は一斉に年をとる。数え年の原点だ。

○

歳神を迎えるにまず行わなければならないのは、罪穢れを祓い清めることである。十二月に入ると煤払いが行われる。大掃除である。近年まで十二月十三日、若しくはそれ以降に家族総出で行うところが多かった。神棚、仏壇から始めて家中の煤を払い清める行事である。畳を上げ、襖や障子を取り払って、隅々まで清める。障子を張り替えるとまるで新しい家のように清々しくなる。現在はとくに日にちを決めてはいない。しかし正月までには普段手の回らないところまで掃除をして拭き清めたいという意識は、主婦なら誰でも持っている。

最大の穢れは死である。喪中である場合は正月の行事を行わない。少し淋しい新年になってしまう。年始のお祝いを申し上げるのも遠慮する。ゆえに年頭の御挨拶を欠礼する喪中はがきを十二月中旬までに出すのが現代人のマナーになっている。昔は服忌令があり、親族の遠近により服喪《ふくも》の期間が決められていた。今はそうした決まりごとはなくなっているが、心得として多くの人が行っている。これも根強い伝統といってよいだろう。

○

歳神を迎える準備として、欠かせないのが餅搗きである。お供えの鏡餅を作るのだ。餅を二重にして橙《だいだい》を飾る。家が代々続くようにとの祈りが込められている。家族でいただく雑煮にも欠かせないのが餅である。関西は丸餅、関東は切餅が一般的だが、おすまし汁、味噌仕立てなど地方色豊かである。甘いお汁粉も正月料理に欠かせない。二十九日は苦に通じるというので、九日餅は搗かないと各地でいっている。

おせち料理の準備も大切だ。様々なおせちがあるが代表は黒豆・数の子・田作《たづく》りの三つである。黒豆はマメに働けるように健康長寿を祈り、数の子は鰊《にしん》の卵で二親に通じ子孫繁栄を祈り、田作りはカタクチイワシの佃煮、かつて田んぼの肥料に用いられたので、その名があり、ごまめ（五万米）ともいい、五穀豊穣の祈りが込められている。いずれも歳神をもてなす大事な御馳走である。

○

歳神を迎えるために松を立てる。門松である。神を迎える常緑の樹木を神籬《ひもろぎ》というが、門松はまさに神籬である。松竹梅できれいに飾り、一対立てるのが一般的であるが、地方に行くと様々な門松がある。年末の吉日を選び、松迎えといって歳神がその年にやって来る方向、アキノカタ（明の方・毎年方向が異なる）の山に入り、松の木を一本切ってきて、庭先に立てたり、根付きの松を床の間に飾ったりする。

年棚という歳神を祀る棚を座敷に吊り、鏡餅や御神酒などを供えるところもある。棚はやはりアキノカタに向ける。棚は板を渡して設けるが、常設の神棚の源流にあたるものだろう。常設の神棚には、新しい大神宮様《だいじんぐうさま》や氏神の神札を納めて、古い神札は神社でお焚き上げしてもらう。これらの準備は年末三十日までに済ませ、一夜飾りはしない。楽しいお正月を迎える準備は忙しい仕事の合間にやらなければならない。まさに師走なのである。

第五章　式年遷宮の歴史に学ぶ日本の心

はじめに

式年遷宮とは伊勢神宮において、東西に二つの敷地を設け、二十年に一度御社殿を造り替え、新造された社殿に神々に遷っていただく祭りである。その時、神々の使用される御《ご》装束神宝《しょうぞくしんぽう》も新調する。

このような式年遷宮の制度が立てられたのは第四十代天武天皇の時で、約千三百年前のことである。そして第一回遷宮は内宮で持統天皇四年（六九〇）、外宮はその二年後に行われた。御正殿の中央の床下に埋納されている「心御柱」、唯一神明造の社殿、御装束神宝の一切を造替するこの祭りは、中世戦乱期の寛正三年（一四六二）第四十回式年遷宮を限りに百二十三年間中断する。そして戦国時代末期に伊勢在住の尼僧である慶光院上人《けいこういんしょうにん》などの活躍により復活して今日に至っている。

なぜ式年遷宮は始まったか

式年遷宮はどのようにして、なぜ始まったのだろうか。伊勢神宮の鎮座はおよそ二千年前、第十一代垂仁天皇二十五年のことと『日本書紀』は伝えている。皇女倭姫命《やまとひめのみこと》によって、伊勢の五十鈴の川上のこの地を天照大御神の教えにより選ばれて鎮座した。「神風の伊勢の國は、常世之浪重浪歸《とこよのなみしきなみよ》する國なり。傍國可怜國《かたくにのうましくに》なり、是の國に居《お》らむと欲ふとのたまふ」とお告げがあり、初めて祠を立てたと伝えている。その記事の後に「則ち天照大神の始めて天より降ります處なり」とも記している。

伊勢神宮は神宮というように初めから神の住まい、宮殿として創祀された。視点を変えると、天照大御神が生活する宮なのである。住まいや服装は時とともに古びてゆくので、一定の期間で新調しなければならない。遷宮が発想される原点はそのようなところにあるのではないか、と推測できる。

そのような中、天武天皇の時代に式年遷宮が立制された。厳しい国難の中、時代の要請があったことはすでに第二章で考察した通りであるが、ここでもう一つ加えておきたいのは藤原京の造営である。この時代まで都は天皇の代替わりごとに遷都していたが、中国の影響を受けて藤原京という恒久的な都城の建設が始まる。こうした時代の大きな変化は、式年遷宮の立制を考える上でも無視できない事実だろう。

現在、神宮では年間約千五百回以上の祭りが行われるが、その中心は旧暦九月（現在は十月）に行われる「神嘗祭」である。神嘗祭はその年に収穫された新米で調理した神饌を最初にお供えする、収穫感謝の祭りである。「由貴大御饌《ゆきのおおみけ》」という神聖な御馳走を神前に供える。新米で御飯を蒸し、お餅を搗き、お酒を醸し、伊勢志摩の海で獲れた鮑《あわび》などの魚介類、野山の野菜果物で調理されたものである。

神嘗祭を行うために、神宮ではその付属祭として幾つかの祭りが行われている。まず四月に「神田下種祭」、神田に種を蒔く祭りである。この日、神職たちは忌鍬山《いみくわやま》という山に向かい、その山の入口で山神を祭る「山口祭」を行い、山の木を採らせてもらう。何のための木かというと、田を耕す鍬の柄にする木である。それで鍬を作る。これを「忌鍬」（神聖な鍬の意）という。その後、神職たちは日陰蔓《ひかげのかずら》を冠にかざして、山から列を作り下りてきて神田に向かい、田を耕し、「忌種」を田に下ろすのである。

五月には神田で「お田植初式」が行われ、お囃子の調べの中で早乙女により田植えが行われる。そして九月に「抜穂祭」が行われ、稲刈りが行われる。収穫された稲穂は古式の倉庫に納められ、神嘗祭を待つことになる。

このように稲を実際に耕作しながら、稲の栽培に従って多くの神事を行いながら、神嘗祭という神宮の最高最大の祭りが行われている。全国各地にお田植祭が伝えられているが、稲作は神事の連続であり、神から与えられた神聖な労働という農耕の原点が神宮の祭りには生きている。式年遷宮はこの神嘗祭を毎年つつがなく行えるよう、二十年に一度行われるわけである。

式年遷宮の歴史に学ぶ

神宮は宮中の賢所《かしこどころ》とともに、天皇が国家安泰と国民安寧を祈るところである。神話伝承を再確認しておくと、天孫瓊瓊杵尊が高天原から天下る時、皇祖天照大御神は神鏡を与えて「吾が前を拝《いつ》くがごとく拝き奉れ」と神勅する。同時に稲穂を与えられ、永遠の発展を祝福される。瓊瓊杵尊は地上の高千穂の峰に天下り、地上の生活が開始される。日向三代を経て、神武天皇が即位され日本を建国される。第十代崇神天皇の時、疫病が流行し国民の大半が亡くなるという事件が起きる。これを契機に宮中でまつられていた神鏡は宮中の外でまつられるようになり、その後第十一代垂仁天皇の時に伊勢神宮が創祀された。宮中には写鏡を鋳造して祭祀が継続された。

第二十一代雄略天皇の時に天照大御神のお告げをもとに、豊受大神が丹波国から呼び寄せられて鎮座する。外宮の創祀である。豊受大神は食事を司る神で、これ以来「日別朝夕《ひごとあさゆうの》大御饌祭《おおみけさい》」が始まる。外宮には正殿の後方東側に御饌殿《みけでん》という古式の建物がある。御饌殿は天照大御神をはじめとする内宮・外宮の神々が食事をする場所である。ここで朝夕二回食事をされる。御饌殿の北側に忌火屋殿《いみびやでん》という神饌を調理する建物があり、ここで毎朝神聖な火を鑽りだして調理する。参篭して身を清めた神職が神聖な井戸の水を汲み、火鑽臼《ひきりうす》、火鑽杵《ひきりぎね》を摩擦して神聖な火を鑽りだして、御飯を蒸してお供えする。お供えされる神饌は御飯・塩・水を基本とする質素なもの。塩は二見の塩田で古式通りに作られている。食事を盛る素焼きの土器は神宮の土器調製所で作られ、一度使用されると廃棄され土に戻される。土器調製所の近くには、古代の窯跡が発見されていて、五世紀位前まで遡るのではと推測されている。雄略天皇の時代に外宮が鎮座したという伝承と重なるわけである。

第四十代天武天皇の時に式年遷宮の制度が立てられ、持統天皇四年に第一回式年遷宮が行われた。このように見てくると、神宮の祭祀は時代とともに日本国家の発展に合わせて、より鄭重に充実してきたといえる。神宮の経済を支えたのは神領からの神税である。神領は伊勢國の度会《わたらい》郡、飯野《いいの》郡、多気《たき》郡に定められ、神領の民が納める税によって神宮の祭祀や式年遷宮が支えられてきたのだ。平安時代の『延喜式』（巻四・伊勢大神宮）によれば、式年遷宮の営繕について、年限が満ちて修造する時が来たならば造宮使を伊勢に派遣して造営しなさい、と定めて「使《つかい》の供給は神税《しんぜい》を充て用ひ、丁匠《ていしょう》の役・封戸の人夫の粮食《ろうじき》は、便に神税を用ひ、若し神税足らずんば正税《しょうぜい》を用ひよ」と規定している。

しかし制度は時代により変更を余儀なくされる。律令国家に綻びが生じて、荘園が増大してくると神税収入が減ってくる。そこで第二十一回式年遷宮から「役夫工米《やくぶくまい》」という臨時の税を全国に課して実施することになる。この時代の式年遷宮は、朝廷から造宮使を任命、伊勢に遣わして造営に当たった。造宮使は伊勢に到着するとまず大神宮を拝し、伊勢周辺の五カ国（伊勢、美濃、尾張、三河、遠江）の国司、郡司に命じて「役夫」を徴発して、実施していた。役夫工米とは役夫の給与を賄う意の名称である。その後、戦国時代に入り、臨時の税も集まらなくなり、第四十回の式年遷宮を境に中断の止むなきに至ってしまう。

戦乱の時代が次第に鎮静化する頃、式年遷宮復活の原動力になったのは伊勢在住の慶光院上人と呼ばれた尼僧たちである。第三代清順上人、第四代周養上人が有名だが、御上の許しを得て、諸国を勧進して資金を集めた。織田信長、豊臣秀吉という時の権力者からも多額の寄進を得て、天正十三年（一五八五）ついに内宮・外宮ともに遷宮を復活することができた。当時、僧尼は神域内には入れず、五十鈴川の外の「僧尼礼拝所《そうにれいはいじょ》」から遥かに拝礼するのみであった。戦国時代は軍事力を持つ強大な権力者が世の中を動かす時代であったが、女性でしかも尼僧が復活の原動力になったという歴史はいろいろなことを考えさせられる。

復活した式年遷宮はその後、江戸幕府の寄進により、明治維新以降は国庫からの支出によって安定的に継続された。戦後は日本国憲法の政教分離原則により、国庫支弁は不可能となり厳しい時代を迎えるが、国民総奉賛という形で多くの国民の熱意に支えられ実施されている。

式年遷宮で社殿を造替するためには現状で樹齢二百年を超えた大径木、約一万本が必要となる。これを維持してきたことは驚きである。元来、御料材の調達について内宮は神路《かみじ》山《やま》、外宮は高倉山《たかくらやま》から行ってきた。第十八回の遷宮からここで採れなくなり、「志摩国答志郡」となった。御料材を採る山を御杣山《みそまやま》というが、御杣山は次第に周辺の山に移っていき、その後紀伊国になる。やがてそこも枯渇して現在は木曽から伐り出している。その間には様々な失敗経験があり、神宮周辺の山が荒れて五十鈴川が氾濫洪水となり、神職が流されてしまうような事態も生じている。

五十鈴川は一級河川であるが全長十六キロしかない。神宮への入口、宇治橋のところが中間点で、八キロ遡れば水源に至り、下ると二見の河口である。わずか十六キロの五十鈴川がいつも清流を保っている。台風や大雨で濁流が押し流すことがあっても、二、三日で清流を回復する。神宮の後背地の神路山、島路山が健全に維持されている証拠である。第六十二回式年遷宮から、昔通りに神路山からも御料材の一部を賄えるようになったということだ。日本にはもともと植林文化があるが、神宮では将来を見据えて備林を設け、二百年後に備えた計画的な植林を行っている。

明治四十二年、第五十七回式年遷宮に際し、「掘立柱をやめてコンクリートで礎石を作れば二十年どころか二百年は保てる。その間に大きな木が育つので、工法を改めたらどうか」という議論があった。その時、明治天皇は臣下からの提案に対して「質素な御造営の祖宗建国の姿を知らしむべし」とその案を却下されている。その代わり備林を造りなさいとのお沙汰を出された。式年遷宮が永続してきた背景に、先人の英知と数々の努力があったのである。

造り替えられる社殿・御装束神宝

式年遷宮で造替されるのは、「社殿《しゃでん》」「御装束《ごしょうぞく》」「神宝《しんぽう》」である。唯一神明造の社殿は掘立柱、茅葺屋根、切妻造平入という構造で、屋根に千木・鰹木を乗せている。弥生時代の高床式の稲倉が原型だといわれている。しかし倉庫がそのまま神の住まいになったのではなく、高床は宮殿の様式でもあるので、仏教建築の影響も受けながら神の社殿としてふさわしいものとして成立したと考えられる。大和の大神神社などは現在も社殿がない。春日大社は藤原氏の氏神だが、春日造という小さな社殿である。

伊勢神宮の唯一神明造、出雲大社の大社造と特徴ある社殿様式が伝えられているが、これは祭祀伝統が久しくあり、それに合わせて社殿が造られた結果ではないかと考えられる。最初の社殿をそのままに造り替えていく。神宮の場合、敷地を東西に二つ設けて、現社殿で祭りが継続する中で、隣の敷地に新社殿を建設するので、建築技術の保存や継承にとってこれ以上の好条件はない。

伊勢神宮の社殿は、棟を支える棟持柱があるのが特徴である。古い遺跡から同じ構造をもった建築遺構が発見され、祭祀を行った施設ではないかとの議論があるが、詳しいことは不明である。いずれにせよ、ある時代の天皇の宮殿形式を基に茅葺という古い屋根を用いた社殿形式が成立したのであろう。千三百年前にはその形式が完成していて、それを今日まで造替し続けている。

「御装束」は今次の遷宮で五百二十五種千八十五点が造替された。殿舎の装飾品である壁代《かべしろ》、幌《とばり》があり、これは社殿の室内に張りめぐらせる絹布。御祭神の神座「御玉奈居《おんたまない》」という。御祭神の召される衣《きぬ》、裳《も》、袴、帯、さらに枕、また御使用になられる加美阿弖《かみあて》、髻結《もとゆい》、櫛、鏡、白玉、絹箱などである。遷御の儀式に使用する蓋《きぬがさ》、翳《さしは》、笠、絹垣《きんがい》、行障《こうしょう》、道敷、荒筥、楊箱などもある。

「神宝」は今次の遷宮で百八十九種四百九十一点が造替された。その内容は紡績具の榺《たたり》、桛《かせい》、麻笥《おけ》、鐏《つみ》、これらは糸を紡ぐ道具で、武器、武具として弓、靭《ゆぎ》、胡籙《やなぐい》、矢、鞆《とも》、太刀、鉾、楯、さらに鞍、彫馬《えりうま》、琴、硯《すずり》などがある。これらの品々はかつて京都で調製されていた。京都に蓄積された高い技術力で製作された。朝廷で「営造神宝並装束使《えいぞうしんぽうならびにしょうぞくし》」、略して「造神宝使」が任命されると、「本様使《ほんようし》」を伊勢に遣わして、二十年間西宝殿に保管してあった旧神宝を実見して、神宝装束の作成に当たった。同じものを同じように作成する。各時代の人々が同じ経験をし、同じ心で、丹精を込めて製作して行くのである。

御装束神宝は染色、織物、組紐、刺繍、木工、竹工、金工、刀工、玉石の加工、革の加工、漆の技術など、日本人が作り上げてきた生活文化の全てを含んでいるといっても過言

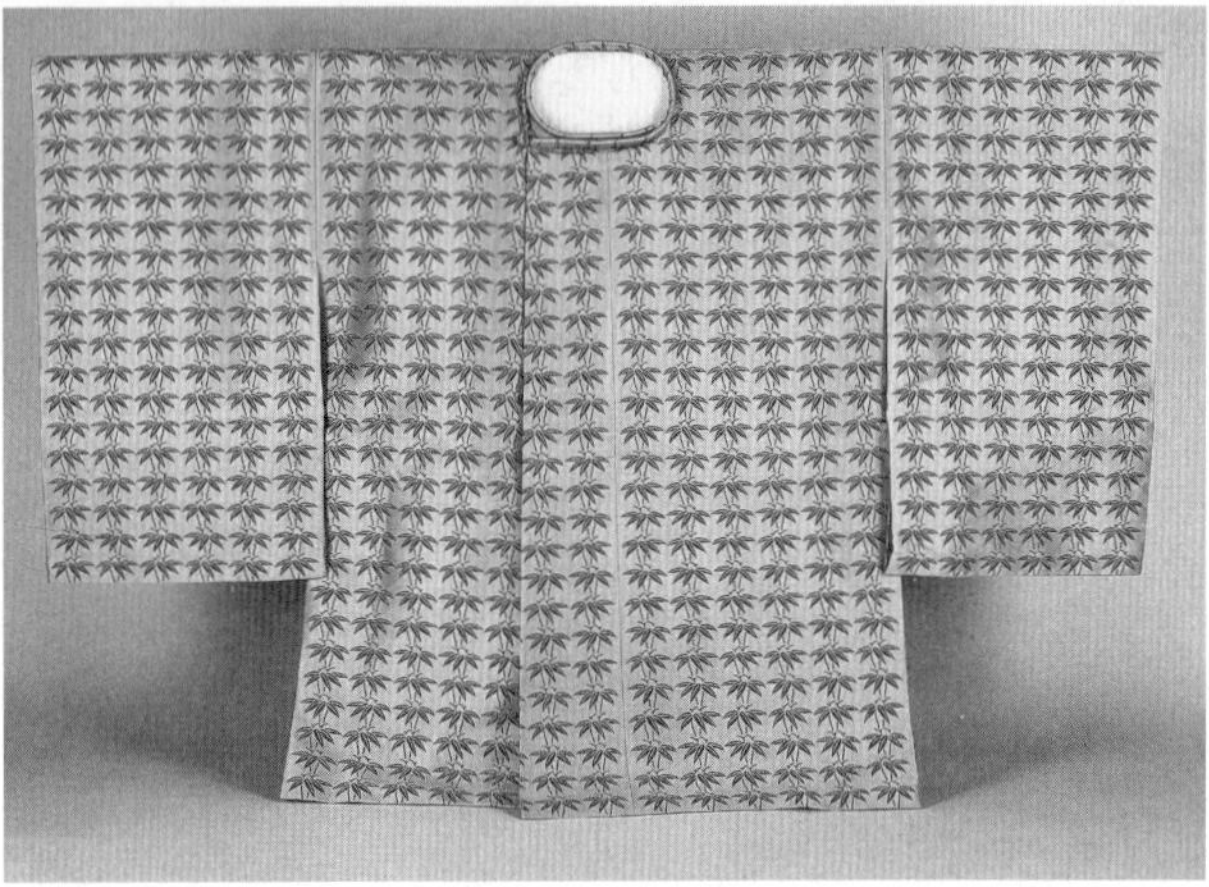

御装束のうち、豊受大神宮御料「呉錦御衣《くれにしきのみぞ》」

神宝のうち、月讀宮御料「鶴斑毛御彫馬《つるぶちげのおんえりうま》」

ではない。出来上がった御装束神宝は天皇の叡覧《えいらん》に供し、道中お祓いをしながら伊勢に運ぶ。遷宮直前に伊勢に到着した御神宝装束は「御装束神宝読合《とくごう》」を行い、目録と現品との確認をして、川原大祓で清められた後、神前に奉られる。

長い遷宮の歴史の中では、百二十三年にわたる断絶期があり、その間に「ものづくりの伝統」が絶えてしまったものがあったかもしれない。しかし「廃れたるを興す」という各時代の努力もあり、今日に至っている。

神宮祭祀に伝えられる生活文化の原型

伊勢の神宮は天照大御神が生活なさる「神朝廷《かみのみかど》」であり、その御生活は日々の祭りの中に体現されている。お米は神田で作られ、野菜や果物は御園で栽培される。塩は五十鈴川の河口、海水と真水が交わるところで塩田に濃い潮水を引き入れ、何度も乾燥を繰り返してさらに濃い塩水を作り、最後に釜で焼き固めて堅塩を作る。魚介類は伊勢志摩の海で獲る。鰒などは特定の時期の海女が伝統の漁法で海に潜って獲っている。わずかな量しか獲れないが、資源を枯渇させることなく現代に至っている。

二千年前に倭姫命が五十鈴の川上に鎮座地をお定めになり、その時に決められた神田や御塩田が風水害に耐えて、自然と共存しながら今日まで伝えられてきた。この事実は尊いことである。式年遷宮が百二十三年の中断を経て復活できたのは、毎年欠かさず祭りが行われてきたからだ。毎年、米を作り、野菜や果物、魚介類を獲って祭りが続けられてきたのである。

二十年に一度の式年遷宮では、大量の檜を消費するが、植林の技術や備林の整備により、樹齢二百年を超えた大径木を再生産する方法を確立してきた。少なくとも世代を超えた計画性がなければできないことだ。古代文明の多くは木材を消費し森林が消失すると滅びたといわれる。私たちの先祖は式年遷宮という木材を大量消費する文化の中で、再生産する方法を確立してきた。

二千年前に皇大神宮（内宮）が鎮座し、およそ千五百年前に豊受大神宮（外宮）が鎮座し、日別朝夕大御饌祭が始まった。その後、千三百年前より式年遷宮が開始される。すべての祭りは最初行われたように毎年もしくは二十年ごとに繰り返される。神宮の最大最重要な祭りである神嘗祭を行うため、最初に行われるのは神田下種祭である。日本には古来、春になると山神が里に降りてきて耕作を見守るという信仰がある。先に紹介した忌鍬山の神事にその基層信仰が生きている。日本の原型が神宮の祭祀の中に伝えられ生きている。稲作りで栄えてきた日本人の生活の原型が毎年繰り返される祭りの中に生きているのだ。

神宮の祭りは天皇の祭りでもある。古代には「私幣禁断」の制があり、天皇以外の祈願を禁じていた。天皇が国家国民の安寧安泰を祈る場所であった。平成二十五年の遷宮には祭主として池田厚子様、臨時祭主として黒田清子様が御奉仕された。遷御の儀には宮中祭祀を司る掌典長《しょうてんちょう》が勅使として遣わされて、新しい御正殿に神々が遷られた。

平成二十五年十月二日、内宮の遷宮が行われた。夕刻古びた正殿の神前に勅使および黒田清子臨時祭主を先頭に大宮司以下の神職が進み、遷御の御列が整えられると、午後八時神職の「カケコウ、カケコウ、カケコウ」という鶏鳴三声《けいめいさんせい》の後、勅使が「出御《しゅつぎょ》」と唱えて、神々の御列は浄闇の中を新しい正殿に向けて出御された。遷御の儀は満天の星空の下で行われたが、この時、ゴーッと梢を鳴らして風が起こり吹き抜けた。参列していた多くの人の印象に残る出来事であった。

天皇陛下はこの時刻、宮中神嘉殿の南庭から、束帯黄櫨《こうろ》染御袍《ぜんのごほう》を召されて神宮を御遥拝されている。室町時代の神宮神主荒木田興兼は、遷宮について「皇家第一の重事、神宮無双の大営」(『遷宮例文』)といっている。遷宮を行うことが困難であった時代に、遷宮を伝統通りに実施するため先例を書き留めた書の中に見える言葉である。

伐採した切株に茂った梢(鳥総)を立て、山の神に木をいただいたことへの感謝を表す

式年遷宮を行うため多くの神事が行われるが、最初の祭りは「山口祭」である。山神に御料材の伐採の許しを乞う祭りである。自然と共存してきた日本人の思考形式がよく現れている。祭りの後、伐採が済むと杣人は伐採した大木の先端の梢を切り、大きな切株に刺して置く。次の木が育つようにという素朴な願いが込められた行事である。必要な分だけをいただき、残りは自然に戻す。『万葉集』にも見える「鳥総立《とぶさた》て」の行事である。また、古い祝詞（大殿祭）の中には宮殿を「本末《もとすえ》をば山の神に祭りて、中間《なから》を持ち出で来て」建造するとある。自然に対する謙虚な姿を古代に遡って確認することができる。

むすび

式年遷宮の諸祭には自然と共存し、神々を祭ってきた歴史がはっきりと見てとれる。近代文明で失ってしまった智恵が生きている。また祭りを通して原点の心が生き続けている。祭りの原点は天照大御神の神勅にまで遡る。歴代の天皇は皇祖天照大御神のお言葉を畏んで、祭りを厳修されてきた。いろいろな意味で神宮の祭りは現代社会に生きる私たちに大きなメッセージを送っている。

第六章　式年遷宮の諸祭と行事

はじめに

神宮の式年遷宮とはどんな祭りなのか。基本的には二十年に一度、心御柱、社殿を造替し、御装束神宝を新調して、神様に旧殿から新たに造営された御殿に遷っていただく祭りである。おおよそ千三百年の昔から、東西に二つの御敷地を設けて、二十年ごとに交互に遷宮を繰り返し、今日に至った。

『皇大神宮儀式帳』（延暦二十三年、八〇四）によれば、造宮使（長官一人、次官一人、判官一人、主典二人、木工長上一人、番上工三十人）が設けられ、伊勢に遣わされて、まず両宮を拝んだ後に、役夫を伊勢・美濃・尾張・三河・遠江の五国に発すると、国ごとに国司、郡司が役夫を率いてきて造営事業に従事した。『延喜式』（延長五年、九二七）の「大神宮式」においてもほぼ同様の官制が敷かれ、造宮使が伊勢に遣わされて造営に当たった。

どんな日程で造営の工事が行われたのか。『遷宮例文』（荒木田興兼、一三六三）に「十七年孟冬《はじめのふゆ》、山口神を祭り、奉造事《つくりまつること》を始む、十八年秋、木作始《こづくりはじめ》、十九年同中秋、御上棟《ごじょうとう》、二十年暮秋九月、新宮に遷座《せんざ》、首尾四年」とあって、四年前の十月に山口祭を行って、造営事業に着手し、翌年秋に木作始、一年かけて御上棟、さらに一年かけて竣工して、遷宮を迎えている。四年の月日を要している。

現代の遷宮に関わる工事は、御用材を伐採する御杣山が遠くになったために、もっと長い年月を要する。八年前に始まるのである。また中断期の最後の式年遷宮までは、まず内宮、その二年後に外宮の順に遷宮を行う例であった。近世になり再興された第四十一回式年遷宮より、同じ年の十月にまず内宮、次に外宮の順に遷宮が行われることになった。式年遷宮の諸祭と行事は、大きく三つに分けられる。まず御用材を伐採し神域内に運び込み、次に社殿の建設が始まり完成すると、神々に新しい社殿に遷っていただくのである。これを「御用材を採る」「御社殿を建設する」「神々の遷御」と順を追って解説したい。なお、日時は第六十二回神宮式遷宮の諸祭と行事の実際を記した。

御用材を採る

山口祭（平成十七年五月二日）

山口祭の祭場は、皇大神宮（内宮）で神路山の岩井田山の岩社の前、豊受大神宮（外宮）は高倉山北麓・土宮の域内に設けられる。御杣山《みそまやま》から御用材と萱を採るため、山口神を祭るのである。元来、御杣山は、内宮は神路山、外宮は高倉山に求められた。その名残で今も両宮の域内で行われている。

式年遷宮の諸祭の中で最初に行われる祭りで、式年遷宮の準備開始を告げる祭りである。内宮では午前八時、五色の御幣を捧持した小工《こたくみ》を先頭に神職、物忌（内宮では童男・外宮では童女）が参進して内宮の五丈殿にて饗膳《きょうぜん》の儀が行われる。これはかつて都から造宮使が遣わされてきたので、これをもてなすために、造宮側と神宮側とが神事が始まる前に祝の膳を囲んだ名残を示すものである。檜葉机と白木机の膳が用意され、古式の食膳が準備され三献の儀が行われる。

終わって祭場となる岩井田山の岩社前に進み、五色の幣を立てその前に案が鋪設されて、神饌が供えられ、さらには籠に白鶏二羽、鶏卵十個を盛った器が地面に置かれる。鶏は生贄ではなく、中国に由来する祓えの料であるという。祝詞奏上が終わると、物忌により忌物埋納《いみものまいのう》や刈初めの儀が行われる。外宮では正午から同様のことが行われる。

木本祭（平成十七年五月二日夜）

心御柱にするための御料木を伐採するにあたり、木本《このもと》の神を祭る秘祭である。内宮は午後八時から、外宮は深夜十二時から行われる。心御柱は正殿の床下の地中に立てられる最も神聖な柱であり、忌柱とも称される。両宮ともに神域内の山中にて行われ、伐採された御料木は白布で包まれ、警蹕をかけながら神職の左肩で舁かれて、内宮では御稲御倉《みしねのみくら》（外宮では外幣殿）に運び納められる。心御柱は正殿が竣工し、遷宮の直前に心御柱奉建の儀が行われて建てられる。

御杣始祭（平成十七年六月三日）

神域から良材が採れなくなり、御杣山を周辺の山に求めざるを得なくなる。寛仁三年に行われた第十八回式年遷宮の時に初めて志摩国答志郡より御料材を求めている。その後、宮川上流の江馬山、大杉山、三河国設楽山、美濃国北山などに移り、文化六年の第五十二回式年遷宮以降、木曽山となって今日に至っている。

御杣山が神域外になったため、山口祭とは別に現地で御杣始祭《みそまはじめさい》を行い、その神事の中で御樋代木《みひしろぎ》（御神体を納める器の御用材）の伐採を行う。樹齢三百年を超える巨木に三方から斧を入れる「三ツ尾伐り」という独特の方法で両宮の用材が重なるように伐り倒される。伐採が終了すると木の先端の枝を切って株に差し立てる。「斎部《いんべ》の斎斧《いみおの》を以て伐り採りて、本末《もとすえ》をば山の神に祭りて、中間《なから》を持ち出で来て、斎鋤《いみすき》を以て斎柱立てて」（延喜式祝詞・大殿祭）とあるように樹木の本と末とは山の神に返して、その中間のみをいただいて用材として活用するという形が今に生きていることを実感する。

裏木曽でも両宮の二本が古式の方式で伐採され、さらに予備として一本ずつが加えられて、合計六本の檜が薦とむしろで巻かれて、陸路トラックで伊勢に運ばれる。御用材の中

長野県木曽郡上松町で斎行された御杣始祭（平成17年6月3日）

でも最も神聖なもので、御神木とも御祝木とも称して、長野・岐阜・愛知・三重県の沿道の人々に奉迎・奉送を受けつつ伊勢に運ばれていく。

かつては筏を組んで木曽川を下り、伊勢湾を南下して伊勢の大湊に搬入されたものである。この御用材には「太一」の印が付され、もし他の船に紛れたりしても必ず伊勢の大湊に届けられた。太一とは天帝・天神の別称で道教に由来するが、同じ言葉が旗印として用いられた。そこから内宮の御用材は五十鈴川を川曳《かわびき》して、外宮の御用材は宮川の山田上の口から陸曳《おかびき》して、それぞれの作業所に搬入されたのである。

御樋代木奉曳式（平成十七年六月九・十日）

およそ三百キロの旅を終えて、御神木は伊勢に着くと神宮大宮司以下の神職によって出迎えられ、神領民の手によって古式に則って両宮に域内の作業所に搬入される。内宮では六月九日に三台の川橇に乗せて五十鈴川を川曳して、外宮では六月十日に陸曳して、木遣り音頭の声も高らかにそれぞれの工作場に搬入された。

御船代祭（平成十七年九月十七・十九日）

御船代《みふなしろ》の御用材を伐採するに当たって、御杣山で木本に坐す神を祭り、立派な御船代が完成するように祈る祭儀である。御神体を納めるのが御樋代で、その御樋代と御衣などを納めるもので、二メートルを超える小舟のような容器という。「大神宮の船代三具（一具は正宮の料、長さ七尺三寸、内五尺七寸、廣さ二尺五寸、内二尺、高さ二尺一寸、内の深さ一尺四寸。二具は相殿神の料、各長さ七尺六寸、内七尺六分、廣さ一尺五寸、内の深さ一尺五分、高さ一尺七寸、内の深さ一尺）」（延喜式・伊勢大神宮）と規定されていて、内宮では三具制作され、その大きさを知ることができる。

御木曳初式（平成十八年四月十二・十三日）

正殿の棟持柱や垂木に使用される御用材二十本を神域に運び入れる行事で「役木曳《やくぎびき》」とも呼ばれる。御樋代木に次ぐ重要な御用材である。御木曳の起源は寛正三年に行われた第四十回式年遷宮の時に始められた。この時の遷宮は造営費の不足で遅延し、ようやく三十二年目にして実施され、これ以降百二十三年間、戦乱のため式年遷宮は中断してしまう。『寛正三年造内宮記』によれば、作業所の長官から宇治郷の村人に「当宮正殿棟持柱一本着岸有るべし、例に任せて村人等一同精進を凝《こら》して、来る四日もしくは十日を以て宮中へ引進《ひきすす》めせしむべき由、庁宣《ちょうぜん》により執達件の如し」と下知している。例に任せてとあるので、この頃すでに御木曳は恒例になっていたと解することができよう。厳しい時代背景の中で、民衆の遷宮行事への積極的な関与が始まっている。内宮ではこれを八郷曳《はちごうびき》ともいい、旧内宮領の八郷（宇治上二郷・宇治下四郷・浜二郷）の人々が奉仕したことに由来する。

現在も旧神領の各町内で奉曳団が結成され、両宮の御料から別宮の用材まで合計二十本が内宮は五十鈴川を川曳され、外宮では宮川の堤に陸揚げされて陸曳して、両宮の域内に搬入される。

仮御樋代木伐採式（平成十八年五月十七日）

仮御樋代とは御樋代の代わりになる容器のことをいい、旧正殿から新正殿に神々が遷御される時に、御神体を仮に納めるものである。また仮御船代は仮御樋代を納めるものであるが、これらの用材を伐採するにあたり、木本の神を祭り、伐採する神事である。いずれも遷御の時のみに使用されるものである。

御木曳行事（平成十八年五～七月、十九年五～七月）

役木曳に対して一般曳とも呼ばれる行事で、本格的に御用材を神域内に搬入する。平成十八・十九年の二カ年に渡り第一次・二次と行われた。前回の御遷宮まで木曽の御杣山で伐採される御用材は全部で一万二千本余にも達したという。それらの御用材が旧神領の各地区によって組織される奉曳団によって搬入される。今回の遷宮では二カ年で百五十三団が結成され、延べ十二万五千五百人が参加した。また前回の遷宮から一日神領民として、

勇壮な木遣り歌が響く中、内宮の御用材を神域に曳き入れる川曳（平成18年7月23日）

全国の崇敬者も参加することが認められ、こちらは七十二団七万六千六百人が参加した、と聞いている。浜参宮《はまさんぐう》といって二見浦《ふたみがうら》に詣でて身を清めて奉曳に参加するのが例で、すべて参加者の自主的な奉仕によって現在も続けられている。明治時代には国費ですべて遷宮行事が行われたために不要になったが、伊勢市民の要望により復活して今日に至っている。なお本行事は昭和四十四年に国の選択無形民俗文化財に指定されている。搬入された用材は、貯木場にて水中乾燥されて加工される。

御社殿を建設する

木造始祭（平成十八年四月二十一日）

神域内に搬入された役木の中でも最重要な棟持柱に使用される御用材の木口を切り、墨を打ち、斧をもって用材を打つ所作を行い、木工工事の無事を祈る祭りである。手斧始《ちょうなはじめ》とも事始神事《ことはじめしんじ》とも呼ばれる大工の神事である。現在は木造始祭《こづくりはじめさい》と呼ぶ。内宮は午前七時、外宮は正午からそれぞれ行われた。神職、物忌、小工達が神前に進み、まず先例により饗膳の儀が行われる。造営を担当する造営庁と神宮側とが祝の膳を囲み、終わって建築の神である屋船大神《やふねのおおかみ》に工事の安全を祈る。引き続いて小工によって手斧始の儀が行われた。この祭りの後に木作が本格化する。

鎮地祭（平成二十年四月二十五日）

神宮では式年遷宮を行うため東西に同じ敷地を設けている。他の神社にない比類のない

外宮の鎮地祭で穿ち初めを行う神職。物忌の童女も奉仕している（平成20年4月25日）

形である。現在は東御敷地に鎮まっているわけであるが、西の新御敷地に新社殿を造営することになる。その最初の祭りが鎮地祭《ちんちさい》である。御殿のない時、ここは古殿地と呼ばれる。玉砂利が敷き詰められた敷地の中央に小さな小屋の如きものがある。心御柱覆屋である。祭場はこの前になる。内宮は午前八時、外宮は午後一時にそれぞれ行われ、他の別宮でも五月二日までの間に順次行われていく。

この祭りの中心は地祭物忌《とこまつりのものいみ》（内宮）、菅裁物《すがだちのも》忌《のいみ》（外宮）と呼ばれる童女が奉仕するところにある。現在、神宮では神職として童男童女は奉仕していないが、幕末までの古制では物忌と呼ばれる童男童女が奉仕していた。式年遷宮の諸祭には古制を尊重して、神職の子女の中から適任者を選んで奉仕するのが例となっている。

心御柱覆屋前に五色の御幣が立てられ、神饌がお供えされ、白鶏二羽と鶏卵を置き敷地を清め、大宮地に坐す大神等に工事の安全を祈る。そして物忌によって忌鎌《いみかま》をもって草刈り初めをし、忌鍬《いみすき》をもって穿ち初めをする。延喜式によれば「宮地を鎮め祭る事」と鎮地祭について記しているが、その地鎮の料として「鉄人像・鏡・鉾・長刀子」とあり、今日もこれらのものを白木の箱に納めて忌物《いみもの》として埋納している。

宇治橋渡始式（平成二十一年十一月三日）

宇治橋はいうまでもなく五十鈴川にかけられた内宮神域に入るための橋である。橋の架替工事は社殿造営と直接関係はないが、第五十六回式年遷宮（明治二十二年）の際に、その年の三月に宇治橋が竣工し、渡始式が行われてより宇治橋も式年で造替されるようになった。それが現在のように遷宮の四年前の十一月に渡始式を行うようになるのは戦後のことである。

第五十九回式年遷宮は、昭和二十四年に予定され準備も進められていたが、敗戦のためやむなく延期された。遷宮史上異例の措置がとられたのである。また神道指令により神宮も国家から完全に分離され、宗教法人とならざるを得なかった。遷宮が予定されていた二十四年九月に遷宮延引奉謝祭《せんぐうえんいんほうしゃさい》が行われた。また準備が進められていた宇治橋が竣工したので、その渡始式を十一月三日に実施した。以後、遷宮の四年前の十一月三日に行うことが例となったのである。

宇治橋渡始式の実施は、戦後の疲弊した経済と自信を失った人々に伝統の力の素晴らしさを自覚させることとなり、一日も早い式年遷宮の完遂が改めて誓われた。早速に遷宮費用を募財する組織が作られ、内宮は二十九年、外宮は三十二年を目標に準備に取り掛かったが、昭和二十八年十月に予定よりも早く第五十九回式年遷宮を行うことができた。

宇治橋は全長一〇一・八メートル、幅八・四メートルの和橋である。この橋の守り神が饗土橋姫神社《あえどはしひめじんじゃ》である。まず橋姫神に神橋の竣工を奉告し、行き来の安全を祈った後に、渡《わた》女《りめ》(旧神領在住の老女)による渡り初めが行われる。渡女には侍女二人(子の妻・孫の妻)が付き、渡女の夫は従者二人(子・孫)とともに従って橋をわたる。つまり三世代三夫婦により渡り初めを行う。技師、橋工、神職もこれに従って渡り初めを行う。また今回の渡

渡女を先頭に三世代揃いの夫婦や諸員が宇治橋の渡り始めを行う（平成21年11月3日）

始式では、全国から五十八組の三世代三夫婦の家族の人々が神職に引き続いて渡り初めを行った。

立柱祭（平成二十四年三月四・六日）

正殿の宮柱を立てるに際して屋船大神を祭り、御柱の揺るぎないことを祈る。鎮地祭から三年の歳月が経過し、建物に使用する部材の加工も進み、やがて組立に至るわけであるが、その最初に行われるのが立柱祭の儀である。神宮の正殿は三間に二間の平入りの建物であるから、正面四本、側面に三本並び、合計で十本の柱で支える構造になっている。これらの柱四間《よま》槫木口《ぬきこぐち》等を素襖《すおう》を着た小工達により、三度木槌で打ち固める儀である。

『皇大神宮儀式帳』によれば、鎮地祭の後まず禰宜等により忌柱（心御柱）が立てられ、続いて役夫等によって柱を立てたとあるので、現在とは順序が違っている。平安時代から立柱祭として独立した祭儀として行われるようになったものである。

御形祭（平成二十四年三月四・六日）

立柱祭の行われたその日の午後二時にそれぞれ御形祭《ごぎょうさい》が行われた。正殿の東西の妻の梁の上にある束柱《つかはしら》に御形を穿つ祭りである。御形とは鏡形《かがみがた》といい、円形の穴を束柱にあけるのに由来する祭りである。一般の家屋であると烟出しのある場所に設けられる短柱に穿たれる。

「その縁由は判らないが、延暦儀式帳にも、『宮造り畢はる時、正殿の東西の妻の御形穿初仕奉る。地祭物忌父仕奉る。若し物忌父故に遭ふときは、禰宜仕へ奉る』とあるように、上代から正殿御建築造営の最後の行事とせられ、この行事と心御柱建立行事とのみは、神官の手によつて、奉仕するにより、従つて神秘なものとせられて居た」（阪本廣太郎『神宮祭祀概説』）とされ、御形という名称とともに神秘感の漂う祭りとして、参列員はなく禰宜と小工のみで行われる。

上棟祭（平成二十四年三月二十六・二十八日）

立柱祭が済み、建物が組み上がったところに、棟木を上げる小工の儀式である。民間の棟上式と趣旨は同じである。『延喜式』などの古文献には見えないが、古くから小工の間で行われてきた。上棟祭は丈量の儀、上棟の儀、屋船大神を祭る神事という三つの儀礼からなる。まず丈量の儀は小工が竹量（一丈二尺の檜製の物差）で正殿と瑞垣御門（東西の中柱の位置に博士木を立てる）までの距離が古規に相違ないか測って確認するものである。

技監を通じて大宮司にその旨が報告されて行事が終わる。

次いで上棟の儀が行われる。あらかじめ据えられた棟木には二条の布綱が結ばれていて、これを博士木に延ばして結ぶ。造営を担当する造営庁の技監・小工は東側、大宮司以下神職は西側に立ち並んで御棟木を引き上げる所作を行う。小工の頭が「千歳棟《せんざいとう》」と叫ぶと棟木のところに控えた小工が「オオー」と応えて槌を振り下ろして棟木を打固める。引き続き「萬歳棟《まんざいとう》」「オオー」、「曳曳億棟《えいえいおくとう》」(外宮は「曳曳棟」という)「オオー」と同じ所作を三回行い、引き続き西北に向かって餅撒きが行われて、上棟の儀を終える。

次に新殿の前に神饌が供えられ、屋船大神に棟・梁が堅牢であるように祈りが捧げられ、全員で八度拝を行い、すべての行事を終えることになる。今回内宮は三月二十六日午前十時、外宮は三月二十八日同刻に行われた。

檐付祭(平成二十四年五月二十三・二十五日)

正殿の屋根に萱を葺き始めるにあたり、屋船大神を祭り、萱葺工が工事の安全を祈る祭りである。萱は南側の檐《のき》から葺き始めるのでこの名がある。屋根を葺く萱を採るための萱山、萱地が神路山、宮川上流に古くから設けられていたが、現在は伊勢市川口のお萱場から採集されている。この萱場は昭和十七・八年に大日本青少年団・外地青少年団の延べ五万六千三十人の多数の人の奉仕で開拓されたものである。

遷宮に必要な萱は、二メートルくらいに伸びたものを二万五千束（一束は周一・三メートル）用意しなければならないという。刈り取った萱は外宮に隣接する山田工作場内で乾燥され、色の良いものを選別して、径二十センチほどの小把にして、これを六把で一束として数える。これを檜から、軒先は厚く葺き、上に向かって次第に薄く葺いていく。葺き

屋船大神に工事の安全を祈り、正殿屋根に萱を安置する（平成24年5月23日）

終えたら、最後に前後に障泥板《あおりいた》を置き、その上に甍覆《いらかおおい》という棟を乗せる。萱を葺くに約二カ月を要する。今回内宮は五月二十三日午前十時、外宮は五月二十五日同刻に行われた。

甍祭（平成二十四年七月二十一・二十三日）

萱を葺き納めるにあたり、甍覆を乗せる祭りである。本来は障泥板を取り付け、甍覆を置いて、それを押さえる鰹木《かつおぎ》を上げる儀式であった。現在は甍覆・千木などに飾り金物を取付けることでこれに代えている。

お白石持ち行事（平成二十五年七〜九月）

ほぼ完成した正殿の御敷地に白石を奉献する行事。御木曳行事とともに旧神領民によって自主的に行われてきた。あらかじめ拳大の白石を宮川川原で拾い集め、地区ごとに氏神の境内などに集積しておき、費用も捻出して、揃いの衣装に身を包んで、お白石を宮域に奉曳する。期日が近づくと奉曳歌の稽古など準備に忙しく、二見浦に浜参宮をして身を清めての奉仕となる。

お白石を新宮の御敷地に奉献する旧神領民。御正殿そばまで入ることができる唯一の機会（平成25年7月26日）

予定の期日になると、各「お白石奉献団」ごとに、樽などにお白石を詰めて車に載せ、お榊を立てて、注連縄を張り、揃いの衣装で曳き綱に大勢が手をかけ奉曳歌を歌いながら、宮域へと曳いて行く。境内に入ると所定の場所でお祓いを受け、一人二、三個ずつお白石を持って南の門から参入し、竣工なった正殿の周囲まで進み、決められた位置にお白石を納めて北の門から退出する。

この行事も御木曳行事と同じく『寛正三年造内宮記』に見えている。中世にまで遡って確認される、旧神領民の自主的行事である。また前回の遷宮から一日神領民として、全国の崇敬者も参加できるようになり、地元の奉献団十五万人と全国の一日神領民五万六千人が奉仕した。この行事は昭和四十八年、国の選択無形文化財に指定されている。

御戸祭（平成二十五年九月十三・十五日）

正殿がほぼ完成したところで、正殿の扉を立てるために屋船大神を祭り、扉の開け閉めに支障がないように、御鑰《みかぎ》の故障がないように祈る。正殿の階下で祭事を行い、すでに取り付けてある御扉に御鑰穴を穿つ行事を行う。これで正殿は竣工ということになる。

御船代奉納式（平成二十五年九月十七・十九日）

竣工なった正殿に御船代を据え祭る行事である。あらかじめ奉製された御船代は東宝殿内に納めておき、奉納式当日に神職、技師が正宮に参拝の後、技師が東宝殿に入り、「御船代」を刻み、その後、技師の総員でこれを奉舁し正殿の階下に運び、神職がこれを受けて正殿内に奉安する。相殿の御料もこの時に据え奉る。

洗清（平成二十五年九月二十四・二十六日）

古代には造宮使が任命されて、伊勢にきて式年造替の事業を行ったことはすでに述べたが、現在もその精神は生きていて、神宮式年造営庁が造営の事業一切を行う。造営庁ではすべての建物が完工したところで神宮側に引き渡す。これを受理した神宮ではまず洗い清める儀式を行う。すべて神職の手により、御水と和紙や布で殿内・殿外を洗い清める。現在は禰宜が新正殿の御樋代《みひしろ》・御船代《みふなしろ》・御玉奈井《おんたまない》・御床《みゆか》・殿内を清め、権禰宜が殿外・大床・御階を清める。

心御柱奉建（平成二十五年九月二十五・二十七日）

心御柱を新正殿の御床下に奉建するため、深夜に行われる秘祭である。造宮の諸祭の中でも重要な意味を持つ祭りである。延喜式によれば、鎮地祭の条に「鎮祭《しずめのまつり》畢りて、地祭の物忌は其の地を清掃めて心柱《しんのみはしら》の穴を掘り、禰宜は柱堅《た》てよ。其の殿地を築《つ》き平《たいら》にするの日は、紺布帳《こんのぬのちょう》を以て、神殿に翳《かざ》し奉り、工夫《こうふ》をして臨み看《み》しむること勿《なか》れ」とある。古い時代には鎮地祭に引き続き、この忌柱とも称される御柱の立柱のことが行われた。その際、見られることのないよう工夫せよ、と記していることで神秘の祭であることが分かる。後世、建築儀礼の発達に伴い、別に立柱祭が行われるようになり、心御柱を奉建することは遷宮の直前に行われるようになった。

心御柱の御用材は、木本祭が済んだ後、御稲御倉（外宮は外幣殿）に奉安されてきたが、これらの心御柱を正殿床下の中央に穴を掘って、お建てする。その祭式は「大宮司以下神官諸員が奉仕、例の如く正宮の拝をして新宮内院の版につく。神官御床下に進みて穴を穿ち、かねて木本祭後御稲御倉に奉安せる御柱を建て奉る。かくして行事終はり、御柱の前に忌物神饌を供して、大宮地の四至に坐す皇神等を祭るのである」（阪本・前掲書）とある。

奉仕者は、延喜式では禰宜と定めていて、心御柱については口外しないという厳しい心得があり、その重要性を語っている。また神宮明治祭式になるまでは神嘗祭、両度の月次祭、いわゆる三節祭にはこの心御柱の前に大御饌が供えられていたのである。

内宮で行われた杵築祭。檜製の白杖を手に神職が参進する(平成25年9月28日)

杵築祭（平成二十五年九月二十八・二十九日）

新殿の竣工を祝い、大宮地を築き固める祭儀である。同時に新殿を褒め称える「室寿ぎ」としての意義がある。民間の新築祝である。元来は鎮地祭の後、大宮地をならし築き固めて造営に取り掛かったものであったが、いつしか遷宮直前の行事になった。竣工の祝いであるので、造宮使と神宮側との祝の膳である饗膳《きょうぜん》の儀から始まる。五丈殿でまず饗膳の儀を行い、大宮司以下神職は斎服の上に明衣をつけて、白杖（白木の杵、長さ一・八メートル）を持ってまず正宮を拝する。その後で新正殿の周囲に至り、柱根を白杖をもって左記の古歌を歌いながら築き固める。

かしこしや、五十鈴の宮に、杵築《きずき》してけり、杵築してけり、国ぞ栄ゆる、郡ぞ栄ゆる
万代までに、万代までに
天照す、大宮処、かくしつつ、仕えまつらん、かくしつつ、仕えまつらん
万代までに、万代までに（以上二首・内宮）
度会の、豊受の宮の、杵築して、宮ぞ栄ゆる、国ぞ栄ゆる
万代までに、万代までに（以上・外宮）

この歌は『遷宮例文』によれば、第二十二回式年遷宮（嘉保二年、一〇九五）まで遡ることが確認できる。

後鎮祭（平成二十五年十月一・四日午前八時）

遷宮の直前に造営の事業がすべて終わって、完成した正殿が常磐《ときわ》・堅磐《かきわ》でありますようにと大宮地の神々に祈る祭りである。鎮地祭に対して後鎮祭《ごちんさい》という。祭式は鎮地祭とほぼ同じであるが、造宮に関わる人々の参列はなく、神職のみで行われる。天平瓮《あめのひらか》を正殿床下

の心御柱の周りに安置する儀が行われる。天平瓮とは径およそ八寸の縁のある盆のような土器で、これを古くは正宮に八百口もの多くを安置する。午前八時、新殿の御前に物忌・神職が神饌を供え、白鶏二羽、鶏卵を置いて祝詞を奏上、忌物を埋納し、天平瓮を安置して祭儀は終了する。

天平瓮奉居行事について、「その起源は恐くは鎮座当時に於ける由貴大御饌の御祭器であつたと思はれる。供進されるのは、上代に遷宮には、遷御後直ちに由貴大御饌を供しまつつたからである。それが後に至つて、式年に遷宮にのぞみ一度供進されることとなり、更にその用途が不明になつて、式年の間、御床下に「霊器」として鄭重に奉安されることとなつたのである」（阪本・前掲書）と一つの解釈がされている。

神々の遷御

御装束神宝読合（平成二十五年十月一・四日午前十時）

後鎮祭が済み、引き続き同日の午前十時に行われるのが御装束神宝読合《とくごう》の行事である。

この行事の説明に入る前に、御装束神宝製作の組織と歴史の概要を解説したい。式年遷宮立制の当初、神宮の諸殿舎を造営するのは造宮使、御装束神宝の調製は営造神宝並装束使といった。造宮使は神祇官（神々の祭祀を司る役所）内に設けられ、営造神宝並装束使（以下神宝使という）は太政官（一般政治を司る役所）に設けられ、それぞれの職務に当たった。

神宝使は本様使《ほんようし》を伊勢に遣わせて、西宝殿に納めてある前回の遷宮に際し撤下した御装束神宝を調査記録して、御装束神宝の調製に取り掛かった。本様使のために二十年間保存しておくのだ。神宝類の製作は都で行い、完成すると紫宸殿《ししんでん》で天皇の叡覧《えいらん》に供され、沿道のお祓いをして伊勢に奉献した。神宝類が長く京都を中心に製作されたことは、技術の保存と発展、地方への技術の伝播の大きな力となった。

御装束神宝を伊勢に送るにあたっては、太政官から大神宮司宛に官符《かんぷ》がくだされた。これを「送官符《おくりかんぷ》」と称し、最も古いもので第十九回式年遷宮に際しての『内宮長暦送官符』が残っている。御装束の内容は大神の装束類、殿内奉飾品（御帳《みとばり》・壁代《かべしろ》など）、遷御に必要な御料（絹垣《きんがい》・行障《こうしょう》など）で、御神宝は殿内に奉納される威儀物（紡績具《ぼうせきぐ》・武器武具・楽器など）である。現在は造宮も御装束神宝の調製も神宮式年造営庁で担当して、その精神を引き継いでいる。今も御装束神宝御覧の儀を経て、神宮に奉献される例となっている。現在両宮および別宮のために奉製される御装束は五百二十五種千八十五点、神宝は百八十九種四百九十一点となっている。日本人が生活文化の中で培ってきたあらゆる技術が含まれている。

式年造営庁から天皇の御覧を経て神宮に引き渡される。その精神においては天皇から献上されるという極めて重要な意味を持っている。その目録と御装束神宝とを読み合わせる儀式が御装束神宝読合である。現在は新宮の中重に御装束神宝の入った辛櫃《からひつ》を並べ、四丈殿において、神宮祭主が式目（目録）を披見して、儀式を終える。

川原大祓（平成二十五年十月一・四日午後四時）

遷宮の前日夕刻に遷御に使用する仮御樋代、仮御船代、絹垣、行障および御装束神宝のすべて、また奉仕する神宮祭主・大宮司以下の神職のすべてを祓う儀式である。内宮は五十鈴川右岸の滝祭神《たきまつりのかみ》南方の祓所、外宮は中御池畔の三ツ石のところで修祓を行う。その際、

御料や御装束神宝、神職のすべてを祓う川原大祓。写真は外宮での祭儀（平成25年10月4日）

奉仕の神職は新調した遷御奉仕服を着ている。大麻、御塩の祓え行事を行い、祓戸の大神の霊徳を称える祝文を奏上して、諸員拝礼があり、奉遷の御料は本殿の御床下へ、御装束神宝は新殿の御床下へ運ぶ。

御飾（平成二十五年十月二・五日正午）

遷御の当日、正午に新たな御装束《みしょうぞく》で殿内を奉飾し、遷御の準備を行う儀式である。祭主以下の全神職が奉仕し、まず正宮に参進して開扉し、祭主・大宮司・少宮司・禰宜が殿内に参入し仮御樋代、仮御船代などの準備をして閉扉拝礼し、次いで新殿に至り御装束を奉飾し神宝を納めて、祭主の検知を受けて儀式を終える。

遷御（平成二十五年十月二・五日午後八時）

すべての準備が整うと、いよいよ遷御《せんぎょ》の儀を迎える。御神体を正殿から新しい正殿にお遷しする。午後六時に束帯に木綿鬘《ゆうかずら》をつけた勅使、祭主以下神宮の神職百人を超える奉仕員が参進、第二鳥居で修祓を受け、玉串行事所で玉串を受け取り両手に太玉串を持ち正宮に参進して、太玉串を内玉垣御門下に納めて、それぞれ決められた中重《なかのえ》の版位《へんい》に就く。勅使が正宮階下で、新宮にお遷りいただく旨の御祭文を奏上する。終わって正宮を開扉し、祭主・大宮司・少宮司・禰宜が殿内に参入の準備をする。次に権禰宜が遷御奉仕員の召立文を読み上げる。召立に従い、それぞれ絹垣・行障・執物・装束神宝を捧持して列を整え、

松明の灯りのもと歩を進める。遷御は8年に及ぶ遷宮の中核をなす重儀（平成25年10月2日）

天皇陛下から奉られる幣帛を奉納する奉幣は、遷御とともに重んじられる祭儀。写真は内宮の様子（平成25年10月3日）

午後八時の出御の時刻を待つ。

午後八時、鶏鳴の儀があり、神職により「カケコー、カケコー、カケコー」（外宮はカケロー）と三声唱える。次いで勅使が階下に進み「出御」と三回唱え、大宮司・少宮司・禰宜に奉戴され、絹垣に囲まれて新殿へ遷り行く。勅使が前行《ぜんこう》、掌典が警蹕《けいひつ》を唱える。この間、道楽《みちがく》の調べに乗って静かにお遷りする。やがて新殿に入御すると、再び召立文に従って御装束神宝を奉納する。次いで正殿閉扉して勅使が御祭文を奏上、その後全員で奉拝してすべての祭儀を終える。

午後八時、天皇は皇居神嘉殿前庭にて神宮に向かい御遥拝《ごようはい》の儀を行われる。

大御饌（平成二十五年十月三・六日午前六時）

遷御の翌日に大御饌《おおみけ》を奉る祭儀である。第三十四回式年遷宮までは、神嘗祭に際して遷宮が行われていたので、正宮でまず由貴夕大御饌が奉られ、その後で遷御が行われ、新宮に神々がお遷りになられた後で、由貴朝大御饌が奉られた。その後、神嘗祭と遷宮祭が離れて行われるようになった後も、新宮にお遷りした後に大御饌を奉るようになったのである。

奉幣（平成二十五年十月三・六日午前十時）

大御饌に引き続き勅使が奉幣の儀を行う。恒の奉幣の儀とは異なり、太玉串《ふとたまぐし》行事を伴い、勅使が御祭文を奏上して、幣帛は正殿に納められる。終わって、五丈殿にて饗膳の儀が行われる。

古物渡（平成二十五年十月三・六日午後二時）

遷御の翌日、旧宮に納めてあった神宝類を新宮の西宝殿に移す儀式である。

御神楽御饌（平成二十五年十月三・六日午後五時）

御神楽奉納に先立ち、御饌を奉るもの。明治二十二年の第五十六回式年遷宮より、このことが行われ、宮中から楽長・楽師が遣わされて御神楽《みかぐら》が奏されている。

御神楽（平成二十五年十月三・六日午後七時）

遷宮が滞りなく完遂したことを喜び、御神楽と秘曲を神前に奏する。勅使・祭主以下神職が四丈殿に参列し、宮中の楽師により深更に至るまで御神楽と秘曲が奏される。

第七章　皇室の御敬神の伝統

はじめに

皇室が神代以来、「敬神第一」に務められてきたことは諸書に記されて明らかである。第八十四代順徳天皇は皇室の故実を記された『禁秘抄《きんぴしょう》』の冒頭で賢所《かしこどころ》について「凡そ禁中の作法、先づ神事、後に他事。旦暮《あけくれ》敬神の叡慮懈怠《けたい》無し、白地《あからさま》にも神宮幷に内侍所《ないしどころ》の方を以て御跡《みあと》となし給はず」と力強く言明している。皇室のしきたりはまず神事で、後に他事である。朝から暮まで一日中敬神の心に懈怠があってはならず、あからさまにも神宮ならびに内侍所の方角に足を向けてはならない、との意である。

第百八代後水尾天皇は皇子である後光明天皇に与えられた「御教訓書」の中で「敬神は第一にあそばし候事に候條、努々《ゆめゆめ》をろそかなるまじく候」「禁中ハ敬神第一ノ御事ニ候ヘバ、毎朝ノ御拝、御私ノ御懈怠、且以テ之有ルベカラザル事」と何度も訓戒されている。また「禁秘抄云、あからさまにも神宮幷内侍所の方を以て御跡となし給はず云々、今以てかたく守らるる一ヶ條也」（『當時年中行事』）とも記していて、御歴代が敬神第一に過ごされてきたことが拝されるのである。

ここでは現在の宮中祭祀と明治以降現在まで四代の天皇の御敬神の様子を御製を交えて紹介してみたい。

今上陛下の大嘗祭

父君のにひなめまつりしのびつつ我がおほにへのまつり行なふ

平成二年の今上陛下御製である。平成二年には十一月十二日に即位礼が行われ、内外に今上陛下が即位されたことを宣明された。続いて二十二日の夕から翌二十三日の暁にかけて皇居東御苑に設けられた大嘗宮において、古式のままに大嘗祭が行われた。大嘗祭とは「おほにへのまつり」といい、即位に伴って一代に一度行われる新嘗祭のことである。毎年行われる新嘗祭より規模も大きく、大嘗宮という質朴な黒木の神殿を建設し、皇祖天照大御神および天神地祇をおまつりする。

新嘗祭は毎年十一月二十三日の夕から暁にかけて、皇居の神嘉殿《しんかでん》で行われている。冒頭に掲げた御製は、昭和天皇が毎年行われた新嘗祭を偲びながら、御自身の大嘗祭を御奉仕されたその御感慨を詠われたものである。今上陛下には、新嘗祭をお詠みになられた御製が多数ある。皇太子であられた昭和四十五年には七首の連作もおありになる。それらの御製を紹介しながら、新嘗祭がどんな祭りなのか、概略の解説をしてみたい。

戦前・戦後にわたって掌典を務められた川出清彦氏は、新嘗祭の特徴を九項目に分けて説明されている（『皇室の御敬神』）。分かりやすいので、これを借りて説明したい。

①夜中の祭りであること。午後六時から午後八時、午後十一時から翌午前一時の二度行われる。

②同一の祭儀が二度行われること。午後六時からの祭儀を夕《ゆうべ》の議、午後十一時からは暁《あかつき》の儀という。

③天皇陛下が神饌を御親供されること。文字通り御箸をとられて細々とお取り分けになられる。御親供は約一時間半の長きにわたる。

④純白の御祭服《ごさいふく》をお着けになられる。

⑤神座は御畳の帖であること。陛下の御座はこれに相対して設けられる。

⑥殿内に八重薦《やえごも》の寝座が設けられること（古来第一の神座とよばれる）。八重薦には坂枕《さかまくら》が置かれ、御櫛《おんくし》御扇御沓も置かれ、上に御衾《おふすま》がかけられる。

⑦祭儀中に御直会《おなおらい》があること。直会は御告文《おつげぶみ》を奏上された後に行われ、古記録に拍手三度称唯《いしょう》低頭されるとある。称唯は目上の方からものをいただく時の作法である。

⑧殿内には天皇の他、補助をする采女（二人）しか入れないこと。かつて太政大臣の参入も許されていなかった。

⑨神饌並びにその容器が極めて古風であること。神饌は蒸した米・粟の御飯《ごはん》、水煮した米・粟の御粥《おかゆ》、鮮物《なまもの》（鯛・烏賊・鮑・鮭）、干物《からもの》（干鯛・堅魚・蒸鮑・干鯵）、干柿、搗栗《かちぐり》、生栗、干棗、鮑《あわび》の汁漬（煮付）、海藻の汁漬、鮑の御羹（吸物）、海藻の御羹、白酒黒酒である。これらは窪手《くぼて》と呼ばれる槲葉《かしわのは》で作った箱型の容器に納められ、枚手《ひらで》と呼ぶ槲葉で丸い皿形の容器に取り分けてお供えされる。

その次第であるが、やはり昭和から平成にかけて掌典を務められた鎌田純一氏の著書（『皇室の祭祀』）を参考にしながら説明したい。まず時刻に天皇陛下が出御され、神嘉殿の西隔殿《にしかくでん》の御座に着かれ、皇太子殿下が引き続き西隔殿の座に着かれる。次に神饌行立《しんせんぎょうりゅう》といい、掌典・采女らにより神饌が膳舎から神嘉殿の殿内に運び込まれる。神嘉殿階下に神饌行立の列が達すると、神楽舎で楽師たちが神楽歌を奏し始める。

新嘗の祭始まりぬ神嘉殿ひちりきの音静かに流る

天皇陛下はその神楽歌をお聞きになられ、正殿の御座にお進みになり、お手水をされ、伊勢の方向の神座の御前に、御親ら神饌を御枚手に竹製の御箸で古来の定め通りに次々と盛りつけられてお供えになられる。御親供はおよそ一時間半におよぶ。

歌声の調べ高らかになりゆけり我は見つむる小さきともしび

この間、皇太子殿下には、西隔殿の座に正座したままで、小さなともしびのみを見つめておられる。正殿の中は直接見えない。御親供が済むと、天皇陛下は御拝礼、御告文を奏され、御直会で御米飯、御粟飯、白酒黒酒を聞こし召される。

歌ふ声静まりて聞ゆこの時に告文読ますおほどかなる御声

御告文《おつげぶみ》は祝詞のことである。「おほどか」とは、落ち着いて細かいことに煩わされないさま、おっとり、鷹揚と辞書にある。まさに昭和天皇の落ち着いた鷹揚なお声が、静寂の中に聞こえてくるさまが目に浮かぶ。

天皇陛下が御直会を遊ばされておられる頃、皇太子殿下は隔殿の座より正殿正面外側の座に進まれ、拝礼される。その後、参列の人々が庭上正面から次々と拝礼される。

拝を終へ戻りて侍るしばらくを参列の人の靴音繁し

こうして夕の儀が済むと、一旦天皇陛下は入御《じゅぎょ》され、皇太子殿下は退下される。そして午後十一時から再び暁の儀に臨まれるのである。

冒頭に紹介した御製をもう一度、拝読して欲しい。皇太子であられた時代は毎年新嘗祭に御参列され、父君の御告文をお聞きになられておられた。大嘗祭は規模こそ違うが、毎年の新嘗祭と本質的には同じものである。様々な御感慨が去来されたであろうと拝察される。

古式豊かな祭りがこのように厳修されて現代に至っていることに私たちは驚かざるを得ない。まさに神代の風儀が生きているのである。

昭和天皇と旬祭

わが庭の宮居に祭る神々に世の平らぎをいのる朝々

昭和五十年の歌会始に発表された昭和天皇の御製である。宮居に祭る神々とは皇居の中、宮殿の北側に祭られた宮中三殿のことで、中央に賢所《かしこどころ》（天照大御神）、西側に皇霊殿《こうれいでん》（御歴代天皇、皇后、皇妃、皇族の御霊）、東側に神殿《しんでん》（天神地祇八百万神）をまつっている。神代以来の伝統にもとづき、明治時代に宮中祭祀が再整備される中で宮中三殿は成立した。宮中三殿の西側には新嘗祭を行うための神嘉殿がある。

宮中三殿において、天皇陛下は毎朝、神事を行わせられ世の平安を祈られておられるのである。また年中恒例の祭典（大祭・小祭）も二十回近くが行われる。大祭には天皇陛下御自身で祭典を行われ、御告文を奏上される。小祭は掌典長が祭典を行い、天皇陛下が御拝礼になられる。毎朝の神事は日供と呼ばれ、神饌が備えられ、侍従が午前八時半に御代拝するので、毎朝御代拝と呼ばれている。

毎月一日、十一日、二十一日には旬祭《しゅんさい》が行われる。一日には天皇陛下が御拝礼され、その他は侍従が御代拝の例である。日供・旬祭について「日供は毎朝、賢所皇霊殿には内掌典をして、神殿には当直の掌典掌典補をして献備せしめられ、且つ侍従をして代拝せしめられる。蓋し毎日毎朝、日々御礼と御祈りを、旬日には更にそれを御鄭重にあそばされる御趣旨と拝察する。旬の御親拝の御装束は儀式ばらない御直衣《おのうし》であり、参列員もなく、奏楽もない祭典であるが、却って御心おきなく、篤と御拝あそばす御姿にも仰ぎ奉られるのである」（川出清彦著『皇室の御敬神』）と解説されている。

毎朝の祈りを詠まれた昭和天皇の御製を年代順に紹介してみたい。

静かなる神のみそのの朝ぼらけ世のありさまもかかれとぞおもふ（昭和十三年）

国民のさちあれかしといのる朝宮居の屋根に鳩はとまれり（昭和四十一年）

ななそぢを迎へたりけるこの朝も祈るはただに国のたひらぎ（昭和四十五年）

最初の御製は、昭和十二年には盧溝橋事件が起こり、以後支那事変へとつながり、中国大陸で両国の戦闘が拡大して深刻化していく、その翌年の歌会始の御製である。次は昭和三十九年東京オリンピックが開催され、翌年朝永振一郎博士がノーベル物理学賞を受賞され、もはや戦争の傷跡は感じられなくなり、平和な社会が実現した。宮居の屋根の鳩はそれを象徴しているのであろう。そして古希を迎えられた朝も同じように国の平らぎを、祈っておられる。

戦前・戦後を通じて国の平安と発展をひたすら祈られるお姿がこれらの御製から拝察することができる。またその祈りは毎朝の日供、十日ごとに行われる旬祭という祭りを通じて行われている。旬祭は服装も御直衣という儀式張らない装束で、陛下お一人の深い祈りの世界であることが理解できる。

第五十九代宇多天皇が記された「寛平御遺誡《かんぴょうのごゆいかい》」の中に天子の早朝の務めとして「毎日服を整え、盥漱《かんそう》（手水のこと）して神を拝し、又近く公卿を呼びて議すること有りて、あまねく治述（政治のこと）をとい」と記しておられる。寛平は西暦八八九年から八九八年までの年号である。遠く平安時代の天皇も同じように毎朝の務めとして神拝をしておられることが分かる。江戸時代になり、第百十二代霊元天皇は次のような御製を詠まれた。

朝な朝な神の御前にひく鈴のおのづから澄むこころをぞ思ふ

この御製にも毎朝の祈りを拝することができる。また「ひく鈴」の音に心が自然と澄んでいくさまを巧みに表現されて、私たち庶民が神拝の時に社頭の鈴を引くことにもつながる。ここで引かれる鈴とはどんなものなのだろうか。宮内庁記者クラブに属したジャーナリストの報告でその様子を見てみたい。「内々陣の神体の真上の天井から赤染の太い綱が下がっており、そこに直径十センチほどの金メッキの鈴が二十二個「鈴なり」に結ばれている。（中略）内掌典は、太い綱を引くと、いっせいに鈴がなる。音色は『徒然草』に「内侍所の御鈴の音はめでたく優なるものなりとぞ」とあるように、爽やかで朗らかなものだという」（高橋紘著『象徴天皇』）

毎朝日供の時にこの鈴が引かれるのだ。神社社頭の鈴とは違って、太い綱に二十二個の鈴が付いたもので、涼やかなよい音がする、と言うのだ。また大祭の時には天皇陛下が御告文を奏上された後、内掌典が鈴を引き、この時天皇陛下は御平伏《ごへいふく》をされ、鈴の音に耳を澄まされるということだ。この間約十分であるという。ここには「鈴の音を神の納受の声」と受け取る古い信仰が生きているとされる（川出前掲書）。

毎朝の祈りは昭和天皇のみでなく、御歴代のお務めであった。平成二年、今上陛下の初めての旬祭へのお出ましについて、皇后陛下が御歌をお詠みになられている。

神まつる昔の手ぶり守らむと旬祭に発たす君をかしこむ

神まつる昔の手ぶり、というところに宮中の御敬神の伝統が集約されて、昭和天皇の在りし日のお姿も拝しつつ、今上陛下の後ろ姿のうちに畏く尊いものをお感じになられた。こうした祈りの中に私達の生活があるということである。

大正天皇の新嘗祭

神嘉殿裏新穀ヲ献ズ
修祭半宵灯火鮮カナリ
偏ヘニ願フ国中豊稔足リ
五風十雨一年年（原漢文）

これは大正天皇の御製漢詩である。以下、意訳を紹介して、漢詩の意味を味わってもらいたい。「神嘉殿に新穀を献り、新嘗のみ祭りををさめ奉るその真夜中に、篝火は赤々と燃え弾けてゐる。そのみ祭りに願ふのは、毎年々々天候順調に、国中の穀物が豊かに稔ること、只々それのみである」（西川泰彦著『天地十分春風吹き満つ―大正天皇御製詩拝読―』）

大正天皇は御病弱で御在位の期間も短いが、この漢詩に見られるように御聡明で、粛々と伝統の祭儀をお務めになられるお姿が浮かんでくる。宮内省刊の『大正天皇御集』（昭和二十年）に収載された御製（四百六十五首）、御製漢詩（二百五十一首）があり、漢詩については御歴代の中で最も多い。西川氏の調査によれば、第五十二代嵯峨天皇と第百十代後光明天皇がともに九十八首でこれに続いている。

新嘗祭についてはすでに述べた如く、神代の風儀を伝えている。この漢詩に和するように貞明皇后にも新嘗祭の漢詩がある。

　四季調和ス聖代ノ時
　豊穣歳歳庶民嬉シム
　茲ニ新穀ヲ収メ神前ニ供ス

天子親修シタマフ千古ノ儀（原漢文）

「四季折々の天候も程好いこの聖代に、毎年の稔りも豊かで、庶民は心から喜んでゐます。今年の秋の収穫も無事に終り、天皇陛下は御自ら新穀を神嘉殿にお供へして、神代の大御手振に神習ひ給ふのです」（西川泰彦著『貞明皇后その御歌と御詩の世界』）

大正天皇が新嘗祭を親祭された折の御作である。天皇の晩年は御病が進み痛々しいが、明治二十二年御歳十歳で立太子、明治三十三年貞明皇后と御結婚され、翌年には迪宮裕仁親王（昭和天皇）が御誕生になり、明治大帝の皇太子として新時代を象徴する御存在であった。

明治三十七年二月、国運を賭した日露戦争が開戦となるが、その年の歌会始の勅題は「巌上松」で、これに合わせて皇太子明宮嘉仁親王は次の漢詩を詠まれた。

霜心雪幹孤松秀ヅ
巌上蟠根臥龍ニ似タリ

鬱鬱葱葱長ク変ゼズ
宛然君子威容粛タリ（原漢文）

「ただ一本立ってゐる松は、節操の堅固なる人を象徴するやうに卓立し、巌の上に露れ出るくねった根は臥した龍を思はせる。長く変ること無く極めて盛んなる気を発して、宛《さなが》ら、威厳に満ちた君子の威容の如くである」（西川・前掲書）

新年早朝、天皇陛下には四方拝を行われる。元旦、午前五時半、御束帯黄櫨染御袍を召され、神嘉殿前庭の御拝所に進まれて、庭上下御《ていじょうげぎょ》にてまず神宮、四方の神々を御遥拝になり、国家安泰を祈られる。続いて歳旦祭が宮中三殿にて行われる。四方拝を済まされた天皇が賢所、皇霊殿、神殿の順に御拝礼になられ、引き続いて皇太子殿下が御拝礼される。この年も同じように恒例の神事が行われたことと拝察する。

日露戦争の開戦前夜、まさに巌上の松に父帝である明治天皇を重ねて畏敬の念を表明されている。嘉仁皇太子殿下二十六歳の時の御作である。これらの漢詩から拝されるのは、ひときわ漢籍に明るく、御壮健で夫婦相和したお姿である。しかし日露戦争の頃、御製漢詩の数は最も少ない。明治天皇とともにお忙しく緊張した日々をお過ごしになられていたからに違いない。

昭和二十一年、敗戦後初めて正月を迎えられた昭和天皇は「新日本建設の詔」を御発表になられた。世に「天皇の人間宣言」と喧伝される詔勅である。占領下の特殊事情で渙発されたものであるが、昭和天皇は原案に明治天皇の「五箇條の御誓文」を付加された。これが加えられたことにより、GHQの意図した「人間宣言」という枠を越えて、真に新日本建設の詔となった。同時に昭和天皇は有名な次の御製を詠まれた。

ふりつもるみ雪にたへていろかへぬ松ぞををしき人もかくあれ

この御製が大正天皇の御製漢詩「巖上松」を土台にしていることは明らかである。日露戦争開戦時の明治天皇の御苦悩に思いを馳せ、自ら奮い立たせておられるのである。

明治天皇と賢所御神楽

みかぐらを神にささげてゆたかなる年のをはりをいはひけるかな

明治四十二年の明治天皇の御製である。この年、伊勢の神宮では第五十七回式年遷宮が行われた。十月二日皇大神宮、五日豊受大神宮で厳かに遷御の儀が行われた。遷御に合わせて天皇は東京から御遥拝された。「皇大神宮式年造替の功成り、遷宮の式行はせらる、勅使掌典長岩倉具綱及び掌典宮地嚴夫、式に列なる、夜八時五十分神儀舊殿を出御、九時五分新宮に入御せらる、是の夜天皇、八時三十一分を以て神嘉殿南庭幄舎に就きて遥拝あらせらる」（『明治天皇紀』）

明治三十七年の年初めに国運を賭した日露戦争が開戦となり、厳しい戦局が続く中、翌年五月には日本海海戦に勝利、米国の勧告にもとづきポーツマスで日露講和会議が開かれ、九月に講和条約を締結。日露戦争の勝利は、国の内外に大きな影響をおよぼすことになる。国民はともすれば放縦浮華となり、国外では日本に対する警戒感から黄禍論が起こり、米国では排日運動が起こっている。そのため国民意識を引き締めるべく、明治四十一年十月「戊申詔書」を発せられた。天皇は「戦後日尚ホ浅ク、庶政益々厚張ヲ要ス。宜シク上下、心ヲ一ニシテ、忠実、業ニ服シ、勤倹、産ヲ治メ、惟レ信、惟レ義、醇厚、俗ヲ成シ、華ヲ去リ、實ニ就キ、荒怠相誡メ、自彊息《じきょうや》マサルヘシ」と仰せられている。「自彊息マサルヘシ」とは、常に自ら進んで努力をしなければならないこと。まるで噛んで含めるように国民に呼びかけ、自重を促しておられる。

その翌年に伊勢神宮で古式のまにまに式年遷宮が行われた。その年の年末、恒例の賢所御神楽が行われた。十二月十五日、この日天皇は掌典長をして代拝せしめ、午前零時五十分を過ぎて御寝遊ばされた。冒頭に掲げた御製は、この日に詠われたものである。

さて、賢所御神楽とはどんな祭りなのだろうか。「本儀は午後五時出御、御拝礼の後、皇后・皇太子・皇太子妃が御拝される。午後六時御神楽奉仕の楽師が参進、神楽舎内の本方《もとかた》末方《すえかた》の座に就いて神楽歌を奏し、この間早韓神《はやのからかみ》と其駒《そのこま》の曲目の節には人長《にんちょう》の舞もあって午前零時すぎに終了する。年末に当り皇祖の恩頼《みたまのふゆ》を謝し、更に新しく迎える年に弥栄を祈り奉る儀と拝される。中旬とあって日の定めのないのは陰陽寮の日時勘進に依って定められた古例を遺すためであろうと考えられる」（『皇室の御敬神』）

このような次第で執り行われるが、天皇はこの日午後五時の祭典には掌典長に代拝せしめている。しかし御神楽の行われた晩、眠ることなく御神楽が果てるまで、お慎みになられておられる。

その内容について、もう少し詳しく宮内庁楽師の説明に耳を傾けたい。

御神楽は宮中三殿の前に設けられた神楽舎で行われるが、正面に篝火を焚く。神殿に面した方を開けて、三方は黒白の鯨幕で囲み、その内側の東西両側に三色木（杉、松、檜）を敷き、その上に薦を敷き、さらにその上に薄縁帖を敷いて、西側を本方の座、東側を末方の座とし、本方の南端に人長の座を設ける。この中で神楽歌が歌われ、舞が行われる。どんな内容かというと「人長と呼ばれる進行役のもと、十五曲の神楽歌が粛々と連なってゆくのです。けれども、それらは大きく本役、中役、後役の三部分に分けられ、それぞれは、神迎え、神遊、神送りといった内容に対応しています。神様をお招きし、お遊びいただき、お帰り願うという構成です。本役の中の『早韓神』、後役の中『其駒』には舞がつき、人長がひとりで舞います。ほかの部分は歌と楽器の演奏によります。用いられる楽器は笏拍子《しゃくびょうし》、和琴《わごん》、神楽笛《かぐらぶえ》、篳篥《ひちりき》の四種類です。この御神楽の儀には、江戸時代までは天皇御自らが演奏に参加して神霊をお慰めしたと伝えられており、今日でもこの儀が行われる晩は、掌典長から無事終了の連絡があるまで、皇族方はお休みにならぬということです」(『宮内庁楽部雅楽の正統』扶桑社)

およそ六時間半におよぶ御神楽の儀の様子がこうした説明により少し明らかになってくる。この御神楽は外国の音楽歌舞が入って来る以前の固有の音楽歌舞で、例えば渡来の楽器である篳篥を使いはするが、普通よりもずっと弱い息で吹き、そうすると印象が全く変わり、神楽の世界に適合するという。この賢所御神楽は、古来「内侍所御神楽」とも呼ばれて、一条天皇の長保四年(一〇〇二)に始められたとするが、現在のような形に整えられたのがこの時代で、源流は神代に遡ると考えてよいだろう。

宮中では年間たくさんの祭りが行われているが、年末に当たり皇祖天照大神を迎え、神とともに遊び、神慮を和め、そしてお送りする、このような奥深い祭りが行われている。深い祈りの世界といってよいだろう。

あさなあさなみおやの神にいのるかなわが国民を守りたまへと（明治四十年）

とこしへに民やすかれといのるなるわがよをまもれ伊勢のおほかみ（明治二十四年）

明治天皇は十万首におよぶ御製をお詠みになられ、神祇歌も多いが、それらに国民のために全身全霊で祈られるお姿を拝することができる。

あとがき

平成十三年に『神道と祭りの伝統』（神社新報ブックス12）を出版させていただいてから、久しぶりで本書を出版させていただいた。神道及び神社について理解を深めるという趣旨は前回と同じで、今回は神社に的を絞ってまとめたものである。

書店に行くと神道や神社に関する書籍コーナーが置かれ、たくさんの関係書物が並んでいる。嘗てはなかったことで、平成になってから急増したように思える。戦後新しい神道研究が進み、優れた専門図書も多く出版されているが、これにも増して一般の啓蒙書、美しい写真を使った神社紹介書、古事記や神話関係の本も多く出版されている。多くの人が神道や神社に関心が深いということで、有難いことである。

また、多くの方が朱印帳を持って神社参拝をされていることも事実で、土地の神社の素晴らしい景観や昔変わらぬ雰囲気に魅せられている。自然の恵みも多いが災害も多い日本列島で、先祖が長く祈りの場所とし毎年恒例の祭りが行われ、祈願と感謝をして来たところが神社である。神社に参拝すれば、その祈りに連なることができ、悠久の時の流れに身をゆだねることができる。本書がそうした方々の参考になれば幸せである。

本書に収録した文章の初出を記して、時々の編集者の皆様に感謝を申し上げるものである。また、本書を編集するに当たり、多く書き改め、文章も統一している。

序　章　書き下し

第一章「神社のはじまり」を巡って　熱田神宮宝物館図録（平成二十四年一月）

第二章「古事記と神道」　東京都神社庁ブックレット17（平成二十五年五月）

第三章「神道の心」　voice style⁺plus『神々の国、日本』（平成二十一年十月）

「鎮守の森」　voice style⁺plus『森のバイブル』（平成二十二年十一月）

第四章「日常の中の神道」『明日への選択』（平成二十四年九月より翌年八月連載）

第五章「式年遷宮の歴史に学ぶ日本の心」『祖国と青年』（平成二十六年三月）

第六章「式年遷宮のすべて」『歴史読本』（平成二十五年六月）

第七章「新嘗祭」「旬祭」「大正天皇の漢詩」「賢所御神楽」『いしきりさん』（平成二十六年四月より翌年一月まで連載）

本書出版にあたっては、神社新報社に格別のお世話になった。特に編集に際し大岡千織氏に御配慮を賜った。ここに記して感謝申し上げたい。

平成三十年十月十七日

茂木貞純

著者　茂木貞純（もてぎ　さだすみ）

昭和二十六年、埼玉県熊谷市に生まれる。昭和五十五年、國學院大學大学院博士課程神道学専攻修了。神社本庁教学研究室長、総務部長等を経て、現在、國學院大學神道文化学部教授、古宮神社宮司。
著書に『神道と祭りの伝統』（神社新報社）、『日本語と神道』（講談社）ほか、編著書に『新神社祭式行事作法教本』『神道祭祀の伝統と祭式』（戎光祥出版）などがある。

神社新報ブックス　20

日本の暮しと神社

本体 1,200 円（税別）

平成 30 年 12 月 3 日　第一刷発行

著者　茂木貞純

発行所　株式会社 神社新報社

東京都渋谷区代々木 1-1-2

電話 03（3379）8211

印刷
製本　三報社印刷株式会社

落丁、乱丁本はお取替致します　Printed in japan

ISBN 978-4-908128-20-2